JN439209

교육의 텃밭에 씨를 뿌리며

교육의 텃밭에 씨를 뿌리며

1판 1쇄 인쇄 2015년 6월 5일
1판 1쇄 발행 2015년 6월 22일

지은이 김광섭
펴낸이 김양희

펴낸곳 도서출판 교육타임스
주소 서울시 용산구 원효로 93-9(원효로1가)
전화 (02) 717-9012-4
FAX (02) 717-9015
www.e-times.co.kr

청소년의 성공적 삶을 위한 인생 노트

교육의 텃밭에 씨를 뿌리며

김광섭 지음

| 저자 서문 |

삶은 하루하루가 여행이다. 긴 세월 속에 일정한 공간을 점유하면서 시간을 엮어가는 삶을 산다. 수많은 생명들과 만나고, 느끼고, 배우며 여행하였다. 여행 중에 자기를 잘 따라주는 소위 자기에게 편하게 해주는 여행 동행자가 있는가 하면, 자기의 삶을 불편하게 하면서 인상을 쓰는 사람도 가끔 나타날 수 있다.

그렇다고 교사가 하는 여행은 자기만 편하게 하는 사람과만 해야 하는 것이 아니다. 더욱더 신경이 쓰이는 것은 우리를 힘들게 하는 자들과도 함께 떠나야 한다. 누구에게나 이 면허증은 주어지지 않는다. 일정한 시간 그 길을 택하여 가겠다고 선택한 사람들에게만 주어진 것이다. 이를 위하여 특별한 면허증을 발급받은 것이다. 그런데도 그 가치를 과소평가 하면서 냉소적으로 세상을 보면 아이들도, 세상도 그를 힘들게 만드는 것은 아닌지 모르겠다. 나는 교사의 삶이 천직인 것처럼 노선을 이탈하지 않고 이제는 종착점에 온 시간이 되었다.

편지는 글이 아니다. 사랑하는 가족, 친지, 제자들에게 편지를 보낼 때 글을 보냈다고 말하지 않는다. 이 편지는 마음이다. 편지는 상대방에 대한 관심이고, 사랑이며, 호소이자 에너지이다. 때로는 제자들이 나에게 보낸 편지를 다시 읽으면서 나를 추스르고, 감동하고 새롭게 삶의 힘을 얻게 된다.

이 편지는 기록된 사랑이다. 그들은 나의 곁을 떠났지만 세상 어딘가에서 자신의 삶을 열심히 살고 있을 것이다. 이 삶의 과정이 힘들고 외로울 때 누군가 그 버팀목이 되어주고 있다는 사실을 잊지 않는다면 그들은 다시 소생할 것이라 믿는다.

나는 지금도 삶의 현장에서 분투하고 있는 그들을 위하여 기도할 뿐이다.

건강하기를!

행복하기를!

희망을 속삭이기를!

멋진 미래를 사랑하는 마음으로 살아가기를!

기대하면서.

2015년 6월

죽도봉 기슭에서

저자 김광섭

| 추천사 |

이시대의 진정한 교육자를 그리며

교장 선생님은 우리 교육의 입지전적(立志傳的)인 스승이십니다. 선생님께서는 우리 교육이 가장 어려울 때 선도적으로 자기변화와 혁신으로 우리의 선진 교육을 이끌어주신 분이십니다. 자신의 도전적인 삶으로 본을 보이시고 교육을 통해 교사와 많은 학생들에게 꿈과 희망을 주신 분입니다.

교장선생님은 저보다 몇 년 선배이시며 동시대에 우리 교육을 하신 분이기에 왠지 더 친근함과 따뜻함을 느낍니다. 그러나 어려운 교육환경을 슬기롭게 극복하여 우리 교육을 한 단계 업그레이드 하는 일에 헌신하셨으며, 틈틈이 자기 성장을 위해 연구하고 노력하시는 의지의 교육 개척자이십니다.

사실 과거의 교육환경은 너무나 열악하였습니다. 그래서 발령과 동시에 사표를 내는 사람도 있는가 하며, 설령 발령을 받아도 박봉에 시달려 다른 직업을 선택하는 것이 가장 우리들의 가장 부러운 대상이었습니다. 이러한 시기에도 교장선생님께서는 투철한 교육관과 사명감으로 새로운 학생교육에 도전하는 용기 있는 스승이었습니다.

초등교사로 출발하시어 중등교사, 특수교사, 일본 유학, 주일한국교육원 원장, 그리고 도장학사, 교총연구원까지 보통 교사로선 감히 상상도 못할 일들을 일궈내시고 10여년이 넘는 해외생활로 다양한 경험과 교육경력을 쌓으셨습니다. 이러한 경험과 삶은 훗날 창의적인 학교경영에 밑거름이 되었으며, 우리 교육에 고귀한 업적을 남기셨습니다.

교장 선생님께서는 '좋은 스승은 태어나는 것이 아니라 스스로 만들어가는 것'임을 후배 교사들에게 보여주신 분이십니다. 무엇보다 교장선생님의 그칠 줄 모르는 교육열정과 제자사랑은 누구도 흉내낼 수 없을만큼 감동으로 다가왔습니다. 학생들의 현재 뿐 아니라 미래까지 생각하고, 그들의 삶에 꿈과 희망을 심어주신 참 스승의 모습들이 수많은 글들에 녹아있어 우리들의 본보기에 충분합니다. 특히 교사뿐 아니라 교장으로 재직하면서도 그들의 이름을 하나하나 기억할 정도로 꼼꼼함과 치밀함에 제사 사랑의 정을 듬뿍 느낄 수 있어 더욱 존경스러웠습니다.

저는 교장선생님을 직접 만난 적도 이야기한 적도 없습니다. 단지 신문을 통해 자주 접했을 뿐입니다. 더 정확하게 말하면 교장선생님의 글을 자주 읽는 애독자의 한 사람으로 읽으면 읽을수록 교장선생님의 넘치는 인간미와 삶에 공감하면서 더 친근감을 느꼈습니다. 저 또한 교장선생님과 같이 교육대학을 졸업하고 야간대학을 다녔고 중등교사가 되겠다고 내신까지 낸 적도 있습니다. 그러나 전 교장선생님처럼 큰 용기가 없었습니다. 교장선생님의 모습에 비추어 보면 이러한 모습들이 뒤늦게 후회되기도 합니다.

교장 선생님! 전 교장 선생님의 글을 읽으면서 '참 대단하신 분이다'는 말 밖에 나오지 않습니다. 그렇게 어렵고 힘든 여정을 스스로 선택하고 이겨내셨기에 지금의 영광이 무엇과도 바꿀 수 없는 값진 보배가 되었습니다. 정말 자랑스럽고 부럽습니다. 교장선생님의 삶에 겹겹이 쌓여있는 교육에 대한 애정과 성찰, 강한 의지, 끊임없는 간절함 같은 감정들은 우리 후배들의 큰 울림이 되며, 드라마 같은 교직생활은 우리 모두의 새로운 희망이 됩니다

교장선생님의 〈교육밭에 씨를 뿌리며〉 출판을 진심으로 축하합니다. 교장선생님은 우리들의 진정한 표상(表象)이며 큰 스승이기에 이번 출판은 우리 교육의 의미를 성찰하는 좋은 계기가 될 것이라고 생각됩니다. 요즘

과 같이 교권이 추락하고 위축된 교사들에게 새로운 위로와 희망이며, 우리 교육의 새로운 동력이 되리라 확신합니다.

교장선생님, 건강하시고 행복하시기 바랍니다.

2015년 6월

경기 당촌초등학교

교장/교육학박사 김성규

■ 차례

제2부 | 성공편

제3부 | 성실편

제4부 | 지혜편

제1부 꿈과 희망편

공부가 무엇인가 묻고 있는 제자들에게

30여년 전 시골중학교에서 가르친 한 제자로부터 고 1학년에 다니는 자녀가 "공부만이 살 길이다.'라고 자기 책상 앞에 써 놓은 글을 보고 이를 어떻게 읽어야 할지? 고민하면서, 수능때까지 지치지 않았으면 하는 것이 소원이라는 이야기를 전하여 들었다.

공부란 무엇인가?

한창 성장 중에 있는 우리 아이들 모두에게 "공부란 무엇인가?"라는 질문이 있다. 그러나 그에 대한 답변은 천차만별이다. 공부를 어떻게 규정하는가에 따라 공부의 의미가 달라지기 때문이다. 필자가 아는 소프트뱅크의 창업자 손정의는 일본의 빌게이츠로 불리고 있다. 일본에 근무하면서 만난 사람 가운데 가장 인상에 남은 사람이다. 그래서 난 아직도 그를 내 마음의 영역에 간직하고 있다.

세상 모든 일에 우연이란 거의 존재하지 않으며, 원인과 결과가 있다는 사실을 나의 신앙처럼 생각하면서 '공부가 무엇인가?'를 묻는 나의 제자들에게 '손정의 스토리'를 전하고 싶다. 그리고 앞으로 대부분의 학생들이 대학에 진학하게 될 터인데 대학의 의미도 다시 한 번 새겨보면서 지치지 않는 삶을 살아 멋진 인생이 되길 소원하여 본다.

"대학에 입학한 뒤엔 정말 죽기 살기로 공부했다. 나는 자신 있게 말할 수 있다. 당시 나보다 더 열심히 공부한 사람은 없다고. 물리적으로 불가능한 일이기 때문이다.

수업은 한 번도 빼먹지 않았다. 항상 맨 앞줄에 앉아 교수 얼굴을 잡아먹을 듯 노려보며, 화장실에 갈 때도 교과서를 손에 들고, 걸으면서도 책을 읽었다. 밥을 먹을 때도 손에서 교과서를 놓지 않았다. 왼손엔 책을 들고 오른손으로 포크를 움직이며 눈은 교과서에 못 박은 채 아무 것이나 집이는 대로 입에 넣었다. 양손에 포크와 나이프를 들고 두 눈으로 음식을 내려다보며 여유 있게 식사하는 사치 같은 건 있을 수 없었다.

폐렴에 걸린 줄도 몰랐다. 기침이 계속 터져 나오고 목에선 쌕쌕 소리가 났지만 참고 공부했다. 머리가 깨질 듯 아파도 그저 책만 봤다. 쉬는 시간은 오직 잠 잘 때뿐. 그마저도 최소화했다. 변명은 하고 싶지 않았다. 영어가 잘 안 된다, 돈이 없다, 그런 자기 위안 따위 허락할 수 없었다. 피 토하는 아버지, 오열하는 어머니를 뿌리치고 온 유학이다. 내가 하고 싶은 일을 하면서 왜 우는 소리를 낸단 말인가. 물론 일본에 있을 땐 나도 불평 많은 학생이었다. 하지만 미국에선 그럴 수 없었다. '학생의 본업은 공부다. 본업 중의 본업에 목숨을 걸자. 죽어라 공부하지 않으면 벌 받을 거야!' 그런 각오로 나 자신을 몰아쳤다.

그 무렵 내 인생의 방향을 바꾼 충격적 사건으로 공부란 무엇인가라는 사진을 보았다. '일렉트로닉스'라는 과학잡지에서 사진 한 장을 발견했다. 무슨 미래도시의 설계도 같은 컬러 사진이었다. '이게 뭐지? 희한하게 생겼네?' 다음 페이지를 보고서야 알았다. 인텔이 개발한 마이크로프로세서였다.

기사를 읽으며 눈물을 줄줄 흘렸다. 손가락 발가락까지 온몸이 마구 저렸다. '인류가 드디어 이런 엄청난 일까지 해냈구나.' 굉장한 감격을 느꼈다. 이 작은 부품 하나가 인류의 삶을 어떻게 바꿔 갈지 상상하니 소름이 끼쳤다. 나는 결심했다. '그래, 발명이다. 컴퓨터다. 그 길을 가겠다.'"

이런 각오로 살아간 삶이 있었기에 오늘의 소프트뱅크가 존재하는 것이 아니겠는가? 바로 소프트뱅크 창업의 씨앗이 뿌려진 순간이라 할 수 있을 것이다.

유봉이에게 보내는 첫 번째 편지

너와 헤어진지가 벌써 20여년이 넘는 세월이 흘러 네가 쓴 글을 보았는데 지금 보아도 아까울 정도로 네 마음이 잘 정돈된 모습을 읽을 수 있어서 마음이 흐뭇하구나. 오늘은 독서에 대하여 너에게 몇 자 적어볼까 한다.

우리가 독서를 지독하게 하는 사람들을 무서워해야 하는 이유는 그들의 지식 때문이 아니라 그들의 자세 때문일 것이다. 지금 대선을 앞두고 젊은이들의 입에 자주 오르내리는 안철수 역시 그와 비슷한 말을 하고 있다. 그분이 의과대학 시절에 치열하게 살았던 자신의 삶의 태도가 평생 그에게 도움을 주고 있다는 것이다. 그는 어떤 지식이나 기술을 배울 때 그 지식이나 기술이 그 자체로도 중요한 것일 수 있지만, 더 중요한 사실은 그것을 배울 때 가졌던 치열한 자세와 지독한 마음가짐이라는 것이다. 최근 그가 젊은이들을 대상으로 한 강의에서 끊임없이 공부하고 연구하고 노력하는 자세를 가지게 된 것에 대해 두 권의 책에서 받은 영향이 크다고 강조했다.

그 두 권의 책 중의 한 권은 히로나카 헤이스케의 책 '학문의 즐거움'이고, 또 다른 한 권은 노벨 물리학상 수상자이기도 하고 천재이기도 했던 리처드 파인만의 '파인만 씨 농담도 잘하시네!'라는 책이라고 소개하고 있다. 그는 이 책을 통해 '세상에는 정말로 능력이 많은 천재들이 너무나 많다는 사실'을 깨닫게 되었다는 것이다. 그래서 스스로 겸손해질 수 있게 되었다고 고백하고 있다. 누군가가 자신을 부러워하거나 칭찬을 할 때마다 스스로 으쓱해지려는 마음의 싹을 싹둑 잘라 버린다고 말한 적이 있다. 그래서 인지 그분의 강의를 들으면 자만한 모습을 찾아볼 수 없는 것이라 생각된다.

그분은 한 순간이라도 헛되게 보내지 않고 끊임없이 지독하게 공부하고, 연구하고, 노력하는 것이 바로 삶의 원칙이었다. 재미있는 사실은 일분일초를 아껴 가면서 자신의 일을 하고 공부를 열심히 하는 사람일수록 없는 시간을 내어 운동도 하고, 가족과 함께 보내는 시간을 마련하고, 청소도 하고, 건설적인 일을 한다는 것이다. 하지만 하루 24시간을 뚜렷한 목표를 세워 전력투구하지 않는 사람일수록 운동도 하지 못하고, 가족과 함께 보내는 시간도 없고, 청소와 같은 건설적인 일도 하지 못한다는 사실을 알고 우리들은 되돌아봐야그분이 평범한 한 회사의 경영자에 머물지 않고 한 나라 경영자 대열에 오르내릴 정도가 된 것은 끊임없이 지독하게 공부하는 경영자였기 때문일 것이다. 이와 마찬가지로 우리가 평범한 사람에 머물지 않고 비범한 사람으로 도약하기 위해서 필요한 것도 바로 공부하는 것이라 믿는다. 만일 우리가 자기 위치를 파악하고 잠시나마 방치한 사이에 엉뚱한 위치에 놓인 자신을 발견하게 된다면 얼마나 안타까운 일이 되겠는가? 그가 끊임없이 지독하게 공부하는 사람만이 자신을 넘어서며 도약할 수 있는 것을 신앙처럼 간직하고 있음을 보면서 너의 미래 모습을 그려 보겠다.

긍정의 힘

긍정의 힘은 큽니다. 나뿐 아니라 주변 사람들에게도 영향을 끼칩니다.

내 앞에 놓인 삶을 긍정적으로 바라보십시오. 어떤 날이 다가오더라도 그 날들을 향해 미소 지어 보십시오.

'미래의 날들이여 나에게로 오라. 나는 너를 두려워하지 않겠다. 미워하지 않겠다. 너를 사랑하겠다.'

이런 자세로 살면 불안과 어둠이 사라져 얼굴이 밝아지고 그 기운이 가까운 친구들에게도 전해져 그들의 얼굴도 밝아질 것입니다.

유봉이에게
두 번째 편지

지난 서신에서는 안철수 교수를 예로 들었는데 이번에는 외국인으로 끊임없이 지독하게 공부하면 비범한 사람으로 도약을 할 수 있다는 사실을 보여 준 대표적인 사람, 바로 현대 경영학의 창시자로 평가받고 있는 '피터 드러커' 박사이다. 그는 '프로페셔널의 조건'에서 평생 동안 3년 또는 4년을 주기로 하여 주제를 바꾸어 공부를 해 왔다고 한다.

그는 "3년 정도 공부한다고 해서 그 분야를 완전히 터득할 수는 없겠지만, 그 분야가 어떤 것인지를 이해하는 정도는 충분히 가능하며, 이 방법은 나에게 상당한 지식을 쌓을 수 있도록 해주었을 뿐만 아니라, 나로 하여금 새로운 주제와 새로운 시각 그리고 새로운 방법에 대해 개방적인 자세를 취할 수 있도록 해주었다. 그도 그럴 것이, 내가 공부한 모든 주제들 각각은 서로 상이한 가정을 하고 있었고, 또한 서로 다른 방법론을 사용하고 있었다."는 것이다.

어쩌면 피터 드러커 박사도 평생 평범한 무명의 은행원으로 살았을 수도 있었다. 하지만 그를 비범한 경영 석학으로 만들어 준 것은 그의 끊임없는 지독한 공부였다. 하지만 누구라도 끊임없이 공부한다고 비범하게 되지는 않는다는 것도 잊어선 안될 것이다. 평범했던 자신이 비범한 자신으로 재창조되고, 도약하기 위해서는 공부의 임계점을 돌파해야만 한다. 물도 끓기 위해서는 끓는 점 100도를 통과해야 하듯이 우리가 아무리 열심히 공부를 한다 해도 지금까지 누적되어 온 공부한 양이 적은 사람은 임계점을 돌파하기 위해서는 남들보다 두세 배 더 노력해야 한다. 얼마 전 우리나라가 우주선 발사를 하였지만 궤도를 벗어나지 못하고 떨어져 버린 결과가 이런 사례가 아닐까 싶구나.

우리가 가르치는 아이들도 조금 공부한다고 하여 성적이 갑자기 오르는 것은 더욱 아니다. 어느 임계점을 돌파하기까지는 끈질긴 실행의 시간이 필요하다. 넌 1989년 학기말에 쓴 국사수업 평가서에

"이제는 지나가버린 시간들을 다시 되돌릴 수는 없지만 고등학교 가서는 또 하나의 후회를 하지 않도록 하기 위해 반성을 하련다. 나에게 제일 고통스러웠던 시간은 국사와 한문이다. 그 과목은 별로 성적은 뒤지지 않았지만 그 과목을 가르치셨던 선생님은 정말 본드 같은 선생님이시다. 내가 세상에 태어나서 그런 분은 처음인 것 같다. 한번 붙으면 떨어지지 않으셨던 그 선생님은 뻔드로서

내가 나이를 많이 먹어도 잊지는 못할 것이다. 나는 그 선생님 말씀 하나하나에서 많은 것을 배운 것 같다. 왠지 모르게 내가 어른이 된 것 같기도 하다. 나도 만약 선생님이 된다면 아마 그 선생님처럼 끈질긴 분이 될런지도 모르겠다."고 썼다.

지금은 어디에서 무엇을 하고 있는지 궁금하구나. 만일 네가 너의 생각대로 실천한 삶의 자세를 견지하였다면 지금쯤은 분명히 중 이상의 생활은 하고 있으리라 예상하여도 틀리지는 않을 것 같다. 언제일지는 몰라도 만나는 행운이 주어진다면 확인하여 보고 싶은 생각이란다.

배움을 깨달은 유선이에게

유선아! 넌 참 특별하다는 생각이 든다. 너는 '배운다는 것이 얼마나 소중한가?'라는 공자님 말씀의 핵심 사항을 중학교 시절에 깨달아 '배움의 고귀함'을 알았다는 사실이 기특하다.

네가 어느 방향으로 갈까선택의 기로에 서 있을때, 국사 수업을 통하여 조금이라도 너의 필요를 채워 주어 만족하게 되었다니 다행이구나. 대부분의 학생들은 자기의 수준에서 무엇이 필요한지 감을 잡지 못하는 데도 말이다.

사실 네 또래의 중학생이라면 국사는 외워야만 하는 과목이라는 단계에서 머무르고 있는 것이 현실이다. 이에 비하여 '우리 민족이 조금만 더 배우고 개방적이었더라면 역사는 좀 더 좋은 쪽으로 바뀌었을 것이다'라는 너의 생각은 국사 공부의 의미를 느낀 사람이 아니고는 체감하기 어려운 내용이거든.

또한, 대부분의 학생들은 아직도 "왜 공부를 해야 하나?, "열심히 공부해야 좋은 대학에 갈 수 있으니까." 수준에서 머뭇거리고 있는 게 사실일 것이다. 이는 공부를 하는 당사자 뿐 아니라, 공부를 시키는 부모나 교사 모두 가장 보편적으로 생각하는 이유가 되고 있다. 그래서 많은 학생들은 대학만 들어가면 지긋지긋한 공부와 멀어지는지도 모르지.

실제로 그 유명하다는 하버드 대학을 나와서도 노숙자로 평생을 전전하는 사람이 있으며, 대학 문턱에도 가 보지 못한 사람이 성공한 사례도 얼마든지 많다. 우리가 공부하는 이유는 대학입시 때문이 아니라 자신의 꿈을 펼칠 수 있는 기반을 쌓기 위해서이다. 기반이 튼튼하지 못한 것은 마치 모래 위에 성을 쌓는 것과 같기 때문이다. 이렇게 생각한다면 배움에서 즐거움을 느낄 수 있게 되고 공부하는 시간이 덜 지루하게 느껴질 것이다.

그리고 초 • 중학교에서는 앞으로 진로가 어떻게 결정될지를 확실히 모르기에 다양한 분야의 공부가 필요한 것이 아닐는지? 더욱 어떤 직업과 직접 관계 깊은 전공과목을 공부하기 위한 것이 아니기에 시험을 위해서 하는 공부라는 기분이 드는 것은 너무나 당연할 것이라 생각된다. 그러나 그런 과정을 거치지 않으면 고등학교라는 사다리에 오를 수 없도록 세상 사다리가 만들어져 있다. 그리고 그 내용은 당시의 가장 권위가 있다는 사람들이 만들어 놓은 무시하기 어려운 것(교육과정)이기에 통과 의례로 만들어 놓은 장치나 제도라고 생각할 수 있다.

이제 우리 학생들의 공부하는 목적이 부모님 때문에, 성적 때문에, 시험 때문에 공부하는 것이 아니며, 우리가 시험을 선택했을 뿐이라 생각하다면 한결 마음이 가벼워지지 않을는지! 공부를 스스로 선택한 것이 아니라 입시제도 때문이라고 생각한다면 그것은 스스로 입시제도의 노예가 되었음을 인정하는 꼴이 되는 것이다.

선생님, 선생님의 교육 방식이 정말 좋다고 생각되었습니다.

제 나이 정도 되면 많은 학습량도 필요하겠습니다만 많은 교훈과 방향 제시가 담긴 이야기 또한 필요합니다.

저는 정말 그런 교훈들과 이야기를 필요로 했습니다.

그런데 선생님께서는 감사하게도 제가 필요로 했던 것을 채워주셨습니다.

수업도 재미있었구요. 선생님의 수업 덕분에 저는 배운다는 것이 얼마나 고귀한 것인지 알게 되었습니다.

우리 민족이 조금만 더 배우고 개방적이었더라면 역사는 좀 더 좋은 쪽으로 바뀌었을테니까요.

배움의 귀중함을 느꼈음에도 불구하고 정말 공부할 때는 실감이 나지 않았습니다.

시험을 위해서 하는 공부라는 기분이 떨쳐지지 않았기 때문입니다.

고치려고 노력해야겠지만 정말 공부하는 목적이 시험이라는 느낌은 떨쳐지지 않습니다.

선생님을 뵈면 성실하다는 인상이 남습니다.

선생님의 사상을 말하는 것입니다. 선생님의 오랜 경험에 의한 다져지고 굳어진 사상이기 때문에 더 마음에 와 닿는지도 모릅니다.

선생님, 편지로 나머지는 드리겠습니다.

국제금융인이 꿈인 아현이에게

이제 중간고사가 끝나고 3학년도 거의 마무리 하여야 할 단계가 되었구나. 어느 학교를 진학하여 어떤 일을 하면서 살아야 할 것인가 고민이 되는 시기라 생각한다. 넌 처음 만났을 때 꿈이 불분명하였는데, 구체화 된 것 같이 보이는구나. 아마도 지금 정한다고 하여 모두가 그대로 되는 것은 아니거든. 교장선생님도 확실한 꿈은 고등학교에 가서 정한 기억이 있다.

넌 김수영씨처럼 여러 나라를 다니면서 친구들을 사귀고 홍콩 등 국제 도시에 가서 국제금융인이 되고 싶다는 꿈이 있기에 최근에 내가 정리한 자료를 너에게 제공하고자 한다.

국제금융인이 되기 위하여는 먼저 국제 금융회사에 대한 지식이 필요하다. 내가 아는 골드만 삭스는 세계적인 투자 은행으로 국내외 경제뉴스에 많이 언급되는 회사이다. 미국에 본사를 두고 있는 골드만삭스는 글로벌 인재라는 의미 자체를 조금 다르게 해석한다.

한국인으로 서울지점에서 인사를 담당하고 있는 노호경 상무는 "우리가 생각하는 글로벌 인재는 한국은 물론, 세계 어느 오피스에서건 그 지역의 전문가로 능력을 발휘하는 사람"이라며 "다른 지역이나 국가에서 어떤 정보를 요청해도 늘 높은 수준의 정보와 서비스를 제공하는 사람을 뜻한다"고 설명했다. 사실, 자신의 이익과 상관없는 요청에 최선을 다하기란 쉬운 일이 아니다. 그래서 골드만삭스는 세계적 경제의 흐름과 각 지역별 특징을 제대로 파악해 서로를 돕는 '협업'을 능력의 하나로 판단한다는 것이다.

노 상무는 순수 국내파라는 사실이다. 그는 특히, 세계사와 국사 과목을 좋아했는데 외우기 보다는 관련 도서를 직접 찾아가며 이해하는 방법으로 공부했다. 그녀는 "학창시절 역사 공부가 인사관리에 크게 도움이 되고 있다"고 역사 공부의 중요성을 강조한다. 또한 "역사는 인물의 이야기로, 리더십이 얼마나 중요한지 깨닫게 해주고 세상의 흐름을 읽는 안목을 가져다 준다"고 말했다. 화려한 스펙보다는 내 나라를 제대로 아는 것이 글로벌 인재를 향한 첫 걸음이라는 것이 그녀의 생각이란다. 특히, "한국 오피스에서 전 세계를 무대로 활동할 인재라면 당연히 한국을 제일 잘 아는 전문가여야 한다"고 했다.

국제라는 말만 붙으면 유학 경험이나 원이민급 영어실력을 필수로 들 것이다. 그러나 그렇지 않다는 사실에 주목할 필요가 있다. 골드만삭스는 글로벌 투자 은행이기에, 해외 유학파나 원어민급 영어 실력자를 선호할 것이라는 편견이 있을 수도 있으나, 오히려, 골드만삭스에서 원하는 글로벌 인재는, 한국과 아시아를 잘 알고 있는 사람이다. 해외에서 한국으로 들어온 기업이기 때문에 그만큼 한국에 대한 이해도가 높은 사람이 회사를 이끌 원동력이 된다고 보기 때문이다. 그러고 보면 네가 좋아하는 사회 과목을 폭을 넓혀서 공부하면 어려운 일은 아닐 것이다. 교장선생님은 네가 가는 길을 중학교 졸업을 하고서도 지켜 볼 것이다. 네가 선택한 길에 즐기면서 다가가길 소망한다.

자연의 손길

자연은 공평하고 정직하기 때문에 온 세상을 하나로 만듭니다.

자연은 누구에게도 거짓말을 하지 않습니다. 조금의 가식도 없고 어떤 불평도 하지 않습니다.

자연의 손길은 창조의 손길이며 노력의 손길이고 인내의 손길입니다.

자연은 침묵 속에서 끊임없이 꽃을 피우고 자라 열매를 맺으므로 자신을 늘 새롭게 합니다. 자연의 이러한 손길 앞에서 우리는 배우지 않을 수 없습니다. 그 배움이 우리를 하나 되게 합니다.

의사를 지망한 윤빈이에게

오늘날 우리는 인류 역사상 가장 훌륭한 시대를 살고 있다고 생각한다. 그 이유는 많은 사람들이게 각 개인이 정한 목표를 추구할 수 있는 기회와 가능성이 풍요롭게 주어져 있기 때문이다. 네가 네 진로를 생각하면서 의사의 꿈을 가진 것은 어떤 의사가 될 것인가에 대한 고민이 내재되어 있는가를 묻고 싶다. 일단 의사가 되는 것이 현재에도 결코 쉬운 일이 아닌 것임을 네가 알고 있지만 의사의 길을 선택하는 용기가 대단하기 때문이다. 또 그 일을 네가 결코 이루기 어려운 것이라고는 생각하지 않기에 더욱 그렇다.

문제는 네가 정말 '의사가 되고 싶어 하는 진정한 이유가 무엇인가?'를 시간을 갖고 깨달아야 한다는 것이다. 의사라는 직업을 남들의 평판이 좋다고 생각하니까, 부모님이 원하는 것이니까 등 주위의 환경적인 영향도 생각해 볼 수 있을 것이다. 그러나 진정한 물음은 네 자신에게 어떤 의사가 될 것인가에 대한 고민이 내재되어 있는가라고 묻고 싶은 것이다.

교장선생님이 학교교육을 통하여 배운 의사의 전형은 초등학교 때 국어 교과서에 나온 슈바이처 박사였다. 지금도 기억에 생생하게 남아있는 것을 생각하면 정말 대단한 의사로 업적을 남겼기에 후에 노벨상을 받은 것으로 기억된다. 세상 사람들은 슈바이처의 얘기가 나오면 으레히 그가 아프리카에서 행한 거룩한 업적을 이야기하지만 난 그에 대하여 관심을 갖는 부분은 그의 장년 이후의 시절이 아닌 그의 어렸을 적의 성장 과정에 관한 것이다.

아버지 덕에 슈바이처는 멋모르고 귀염만 받고 커오다가 점차 철이 들자 자신의 생활이 남들 보다 행복하다는 사실에 대하여 죄책감을 느끼기 시작했지. 초등학교 다닐 때는 자기에게 매맞은 아이가 고기를 먹어보지 못한 아이라는 사실을 안 후부터는 너무도 마음이 아파 평생을 통해 고기를 먹지 않았다는 얘기는 세상에 흔히 알려진 이야기이다. 그 후 슈바이처는 이웃의 가난한 아이들과 함께 아픔을 나누고 싶었다. 갖고 싶은 것도 많고 샘나는 일도 많을 그 나이에 슈바이처는 친구들보다 더 좋은 모자나 좋은 신발을 신기를 거부했다.

그는 어느 날 이웃 집 마차를 탄 적이 있는데, 마차의 말이 너무 느려 회초리로 때려주고 보니 그 말은 너무 늙고 지쳐 있었다. 그 후 그는 생명의 존엄성에 눈뜨기 시작했고 새 사냥을 나가서는 새들이 친구의 총에 맞지 않도록 새를 쫓는 일을 했다고도 한다. 이같은 사실을 보면서 어린이는 역시 어린이다워야 한다는 것이 내 생각인데 슈바이처의 어린 시절을 돌아보노라면 그는 정말로 비범한 데가 있다는 점을 느끼게 된다.

그리고 지금은 사회 변화와 지식의 진보가 빠르게 진행되기에 이같은 변화에 적응하기 위해서는 무엇보다도 건강해야 감당할 수 있으며, 끊임없이 지적 호기심을 갖고 열정적으로 배우고자 하는 각오가 필요하다는 것이다. 오래 전에 의과대학을 나와 공부하지 않은 의사가 근무하는 병원에는 손님이 없어 문을 닫고 있다는 것이다. 그만큼 의사의 세계도 경쟁의 세계라는 것이다. 그래서 옛날처럼 의사만 되면 모든 것이 보장되는 안심할 수 있는 시대는 지나갔다는 사실도 기억하면 좋겠구나. 유명한 미래 학자 앨빈 토플러 (Alvin Toffler)는 " 21세기의 문맹은 읽고 쓰지 못하는 사람이 아니라 끊임없이 배울 줄 모르는 사람이다." 라고 말한 바 있다. 현대사회는 이미 빠르게 변화하고 있고 계속 새로운 것을 배우고 공부하지 않으면 살아남기 어려운 시대가 되어버린 것이다. 즉, 이제는 지금까지 무엇을 배웠는가 하는 학력(學歷)이 중요한 시대가 아니라 얼마나 잘 배울 수 있는가 즉, 학력 (學力)이 중요한 시대이다. 따라서 네가 공부하는 목적이 세상 사람들이 우러러보는 직업을 위한 것이 아니라 인생을 살아가는 데 필요한 지혜를 배우기 위한 것이라야 한다. 그것이야 말로 진정한 공부이며 인생에서 성공할 수 있는 비결이기 때문이다. 또, 네 스스로가 육신을 건강하게 하는 일도 중요하지만 그보다는 마음의 양식을 먹기 위해 네 자신 관리를 잘 하는 일이 더 중요하다는 사실이다. 이 좋은 수확의 계절에 의사가 되기 위하여 꿈꾸는 너에게 당부하고 싶은 이야기이다.

교장선생님, 저를 위해서 써주신 글 정말 잘 읽었고 감사합니다. 글에서 의사가 되려고자 하는 이유를 잘 생각해 보라고 하셨는데, 저는 남들의 평판이 좋고 부모님이 좋아하셔서 의사라는 직업을 꿈으로 선택한 것이 아닙니다.

어린 아이들이 뛰놀아야 할 시기에 병원에 갇혀 있는 모습이 너무 안쓰러웠고 우리나라의 의학기술이 많이 발달하긴 했지만 아직은 다른 나라에서 빌려오는 기술 등이 너무 많기 때문에 제가 치료법을 개발해서 널리 퍼뜨려 병이 낫게 하고자 하는 것이 제가 의사가 되려고하는 궁극적인 목적입니다.

교장선생님의 글을 읽고 나서 많은 것을 생각하고 깨닫게 되었습니다.

글을 써주신 점 다시 한 번 감사드립니다.

외교관을 꿈꾸는 인영이에게

공부를 꽤나 잘 한다는 아이들과 만나 네 꿈이 뭐냐고 물으면 상당수의 학생들이 외교관이나 해외 진출에 대한 이야기를 할 때가 있다. 그럼 그런 목표를 달성하기 위하여 "지금 무엇을 어떻게 준비하고 있는가?" 물으면 별로 준비가 없는 아이들이 많다. 넌 꿈이 외교관이기에 조금이라도 도움이 될까 생각해 정리하여 보낸다.

얼마 전 조선일보에 "김수림에게 한계는 없다. 말도 통하지 않는 나라에 혼자 덩그러니 남겨졌던 청각 장애 소녀는 상대의 입 모양과 물건을 연결하면서 생활 속 단어를 하나씩 배워갔다."는 기사가 실렸다. 귀가 들리지 않지만 4개 국어를 하는 김수림이 자신의 파란만장한 삶과 도전을 정리한 자서전으로 웅진하우스 출판사가 '살면서 포기해야 할 것은 없다'의 한국어 번역판을 냈다. 그녀는 오른쪽 귀가 들리지 않고 왼쪽은 보청기에 의지한 채 자동차 경적 소리를 겨우 알아듣는 정도이다. 그런데도 상대의 입

모양만 보고 한국어와 일본어 · 영어 · 스페인어를 능숙하게 구사하고, 세계적 금융회사인 골드만삭스에 이어 지금은 일본 도쿄 크레디트스위스에서 법무심사관으로 일하고 있다는 것이다.

서울에서 태어난 김수림은 두 살 때 부모가 이혼했고, 네 살 때 처음 본 아버지는 그를 시골 먼 친척집에 버렸다. 여섯 살 때 청력을 완전히 잃게 된 김수림은 초등학교 졸업 직후 엄마를 따라 일본으로 건너갔다. 식당인 줄 알았던 엄마의 가게는 술집이었다. 그래서 엄마는 그녀를 일본인 친구 집에 4년 동안 맡겼다. 그곳에서 김수림은 살아남기 위해 일본어를, 살아갈 무기를 손에 넣기 위해 영어를, 보다 많은 친구를 만나 행복하게 살기 위해 스페인어를 익혔다. 그녀가 역경을 이겨낼 수 있었던 비결은 타고난 적극성이었다. 친구들이 놀리면 웃으면서 "네 말이 맞다"고 맞장구까지 치던 김수림은 교과서를 통째로 외워 고등학교 성적도 꼴등에서 3등까지 올리기도 했다. 그가 영어를 배운 과정은 정말 눈물겨울 정도였다.

"저는 'I'라는 단어를 익히기 위해 선생님의 입과 목을 손으로 만져 혀의 움직임, 목의 진동, 입에서 나오는 공기의 세기, 이의 맞물림 등을 그대로 따라 했어요. 그러고선 잊지 않기 위해 하루 종일 '아이, 아이, 아이'를 소리 냈지요." 그녀는 "책으로 써 놓고 보니 마냥 긍정적인 것 같은데, 남모를 고비는 분명 있었다"고 털어놓았다. "막무가내로 '나 안 들리니깐 도와 줘'라고 말한다면 누가 좋아하겠어요. 저는 이렇게 말해요. '여기서 당신이 저를 조금만 도와주면 이걸 할 수 있답니다.' 그러면 사람들이 잘 도와줘요."

두 번의 지독한 우울증을 겪은 끝에 그가 얻은 해결책은 대화와 상상력 그리고 나정함이었다. 김수림의 끝없는 도전은 그래서 아름답다. 지금 너도 정말 잘 하고 싶은가 네 자신에게 묻기 바란다. 그리고 주위에서 너보다 더 잘 하고 있는 친구에게 도움을 요청하거나 선생님에게 도움을 구해보는 것도 좋을 것이다. 아직도 가능성은 열려 있다. 문제는 네가 어떤 각오를 하느냐에 따라 네 인생이 달라질 거라는 것을 믿기 바란다. 김수림보다 더 가능성이 많은 네 자신인 것을 발견하기 바란다. 그리고 실행하기 바란다.

고교에 합격한 민주와 그 친구들에게

먼저 네가 지원한 특성화 고등학교 합격을 축하한다. 원서를 제출하고 합격할 수 있을까 어렵게 생각하고 가슴 조이는 순간이 있었지? 좋은 경험이었으리라 생각된다. 그러나 이제 합격 통지서를 받고 나니 조금은 안심이 될 것이다. 너희들이 3학년 2학기에 들어와 결석도 하지 않는 등 생활태도가 많이 바뀌어 나쁜 습관을 이겨낸 결과라 생각한다.

오늘은 습관이 무엇인가에 대하여 생각해 보는 시간을 가졌었지. 자신이 가지고 있는 좋은 습관과 나쁜 습관 등. 어찌보면 사람이란 습관이 만들어낸 작품이 아닌가 생각한다. 동물은 본능에 의하여 살지만 사람은 습관에 의하여 살아간다고 생각한다. 그러니까 습관이 되어 있지 않으면 하긴해도 불편하고 익숙하지 않아 잘못을 저지르게 되는 것이지. 그리고 너희들에게 이야기한 하루에 한번 책방에 가서 책 제목을 적고, 좋은 글귀를 적어보라고 하였지. 이런 습관을 매일 반복하다 보면 아마 올해가 다 가는 시점에서 자신이 얼마나 변해가는가를 느끼는 시간이 올 것이다.

인생은 두 가지에서 영향을 받지 않는다면 너희들의 인생은 지금이나 3년 후 아니면 5년 후 지금과 똑같을 것이다. 그 두 가지란 우리가 만나는 사람과 우리가 읽는 책이다. 그리고 매일 서점에 들러 앞으로 평생 네 자신을 이끌어 줄 책 한권을 꼭 찾기 바란다.

'한 시간이 주어지면 책을 읽고 한 달이 주어지면 친구를 사귀어라'는 말이 있다. 좋은 사람을 만나면 인생이 바뀌게 된다는 것이다. 아직 그런 친구나 선생님을 만나기 못했다면 더 노력이 필요하다. 지금 네가 만나고 있는 선생님 가운데 너를 앞으로 가장 잘 지도하여 주실 선생님을 찾아가 나를 잘 지도해 달라고 공손하게 부탁을 드려보는 것은 어떨는지!

또, 메모하는 습관, 이 습관은 잘 지키기만 하면 많은 공부를 한 사람보다도 세상을 더 멋지게 살 수 있을 것이라 믿는다. 현대 인간은 머리로 살아간다. 뇌과학자들은 손은 제2의 뇌, 또는 손은 밖에 나와 있는 뇌라고 표현하고 있다.지금부터라도 늦지 않았으니 메모를 잘 하기를.

세상에는 '인과법칙'이 작용하는데 그 이유도 곰곰히 생각하여 보고 네 계획을 세워가면서 남은 학교생활을 한다면 너희들은 분명히 성공적인 인생을 살 것이라 확신한다. 이제 학교생활도 얼마 남지 않았으니 미지막까지 최선을 다하는 모습을 보고 싶다. 그럼 안녕!

교사를 지망하는 현슬에게

얼마 전 신문에서 전남 초 · 중 · 고 학생들은 장래 희망 직업으로 교사, 요리 · 제빵 · 미용사, 공무원, 예술가, 연예인 등을 꼽았고, 부모님 또는 주변에서 바라는 직업으로 공무원, 교사, 의사, 법관, 간호사 등을 꼽았다는 기사를 읽었다.

이제 현슬이는 중학교 과정을 마치고 고등학교에 진학하는 과정에서 어느 정도 직업에 관한 기초지식은 쌓았으리라 생각한다. 중 3도 긴장되는 순간이기도 하지만 우리 나라 고 3은 정말 넘기 힘든 산과 같은 고비라 생각한다. 수능도 끝나고 나니 이제 그 결과를 기다리며 어느 대학에 진학할까 고민이 또 이만저만이 아니란다. 이렇게 인생은 한 고비를 넘고 나면 또 고비가 나타나는 것이다. 지금은 어렵게 대학을 나왔지만 사회의 변화와 더불어 취업이 어렵다는 것은 모든 국민들이 피부로 겪고 있다고 생각한다.

특히 교대를 비롯하여 사범계열을 졸업한 학생들은 취업을 위한 임용고시를 치뤄야 하는데 그 경쟁이 결코 쉬운 것이 아니다. 그런 상황을 어느 정도 알고 있으면서도 네가 교사를 지망하는 것은 대단한 용기라 생각한다. 그리고 학교 현장도 옛날에는 선생님을 존경하는 분위기가 지배적이었지만 지금은 너무 많이 달라져 교직을 수행하기가 힘들어졌다. 따라서 정년퇴임을 하기보다는 조기에 퇴임을 하는 명예 퇴직자도 증가하는 추세이다. 그러나 네가 기왕에 교직을 희망하였다면 교사들에게 어떤 것들이 필요한가를 잘 살펴보고 사전에 이런 것들이 축적되도록 노력하여야 할 것 같아서 소개하기로 한다.

다음은 "이런 선생님이 존경스러워요"라고 학생들이 설문 조사에 반응한 내용이다.

• 수업에 열의를 보이시는 선생님

수업 준비도 성의껏 하시고, 현장답사, 조별 토론 등 다양하게 수업준비를 하실 때 삼동스러워요.

• 수업 외의 시간에도 전공, 진로등에 관해 자상하게 대화해 주시는 선생님.

"이런 선생님이 실망스러워요."에는

• 수업시간 시작 시간 후에 허둥지둥 들어오시는 선생님

- 학생의 의견을 무시하고 받아들이지 않는 선생님
- 학생의 질문에 무성의하게 답변하시는 선생님
- 피곤하다 등의 이유로 수업을 성의 없이 하시는 선생님
- 학생들의 반응에 아랑곳하지 않고 진도만 나가면서 혼자만 수업하시는 선생님

"시험이나 평가방법에 있어서 개선되었으면 좋겠어요!"

• 서술형 시험인 경우 채점기준이 모호해요. 시험 전이나 후에 평가기준을 제시해 주세요.

• 과제의 분량이나 겉표지만 보고 점수 주지 않으셨으면 좋겠어요.

• 한 두번의 필기시험 외에 보다 다양한 평가방법으로 점수를 주셨으면 좋겠어요.

• 수행 평가 기준이 모호하여 납득이 안가는 경우가 있으니 사전에 안내하여 주세요. 등이다.이제 너도 네가 느낀 점들을 체크하여 노력한다면 앞으로 좋은 선생님으로 기억될 수 있을 것으로 믿는다.

경찰관이 되겠다는 예빈이에게

이제 운동장의 노랗게 물든 은행잎도 거의 다 떨어져 앙상한 가지만 남아 나무도 겨울을 준비하고 있는 것을 볼 수 있구나. 운동을 좋아하고 공부도 열심히 하는 모습을 보면서 교장 선생님은 네가 대단하다는 생각을 한다. 앞으로 경찰관이 되어 치안을 지키겠다는 너의 꿈이 꼭 이루어지기를 바라는 마음에서 몇 가지 조언을 한다.

현행 입시제도는 학교 성적을 충실히 유지하면서도 너만의 특기와 적성을 살린 삶을 살겠다는 의지와 노력의 과정이 매우 중요시 된다. 이제 네가 꿈을 정했으니 이를 이루기 위한 학습이 필요하다. 그러기 위해서는 먼저 '수업의 주인이 되라!'는 것이다. 내가 지켜 본 상당수의 학생들은 공부는 선생님이 시켜주는 것으로 알고 있다. 그러나 공부의 주인공은 학생 자신이다. 그러기 위해서는 무엇보다도 수업이 시작되기 전 무엇을 질문할 것인가 잠깐 3분 정도라도 생각해 보는 것이다. 학생의 질문은 수업을 의

욕적으로 이끌어 내어 수업하시는 선생님도 좋아하는 경향이 있다. 특별한 선생님이 아니라면.

그리고 필기를 잘 하는 것도 학습의 중요한 요소이다. 지금은 대통령 후보를 사퇴하였지만 필기의 본보기가 된 사람은 안철수이다. CEO 안철수의 습관은 생각이 날 때마다 메모하는 습관이 배어 자신을 관리하였다는 것은 왠만한 사람들을 다 알고 있는 상식이 되었다. 그리고 다양한 표현을 하는 것이다. 수업은 선생님이 진행하지만 자기 생각을 넣어서 수업을 듣다보면 선생님이 하시는 말씀이 우리 머릿속에서 상호작용이 일어나게 된다.

또, 잊지 말아야 할 것은 '보고 또 보고'이다. 인간은 망각의 동물이다. 단 한 번의 노력으로 기억하는 경우도 있지만 사람에 따라 차이가 있으며, 배운 내용을 즉시 한번 복습하면 기억은 40% 정도 남게 되고 두 번 복습하면 60%가 남게 된다. 한 번의 예습과 두 번의 복습은 수업내용의 80%를 기억할 수 있다는 연구 결과가 있다.

마지막으로 명심할 것은 공부의 목적은 성적을 높이는 것이 아니라 이루고 싶은 꿈을 위한 길이라는 것이다. 그렇게 함으로 자신에게 그 꿈을 이룰 능력이 있다는 것을 알게 될 것이다. 매일 매일 자신과의 약속을 지켜 나가면 그 꿈은 더 가까이 다가오는 것이 아닐까! 네가 운동을 잘 하는 것은 네가 운동에 그만큼 연습을 하였기 때문이라는 것을 누구보다도 스스로 느꼈을 것이다. 어젯밤 유명한 야구 선수 박찬호도 자기는 학교 공부보다는 야구를 더 많이 하였다는 고백은 이를 증명하는 것이라 생각한다.

이제 얼마남지 않은 중학교 생활도 충실히 하고 고등학교에 진학하여서도 항상 열린 마음으로 타인의 장점도 너의 것으로 만들어 너의 자산을 풍족하게 하기 바란다. 그러면 자연스럽게 네 주변에 친구들도 모이게 되고 네 스스로 기쁨을 느끼면서 살아가게 될 것이라 확신한다. 추운 겨울 건강관리 잘하여 감기에 걸리지 않도록 하고 다가오는 입시도 잘 준비하기 바란다. 교장선생님은 좋은 성적을 기대하여 본다.

더 나은 삶을 살고자하는 미소에게

네 이름은 미소! 미소야, 넌 내가 만난 사람 가운데 가장 좋은 이름을 갖고 있는 것 같구나. 네 부모님이 너를 낳고 이름을 지을 때 뭐라 지을까 고민이 많이 되었을 것이다. 나도 내 자식을 낳아 어떻게 이름을 지을까 상당 기간 고민을 한 적이 있거든. 얼마간 시간이 흘러 진실로 아름답게 살고 진실되게 살라는 의미의 '진'자와 우아한 품격을 갖춘 딸이 되기를 소망하면서 '아'자로 만들어 진아라 하였단다. 이 세상에 미소는 세상의 만국어로 통하는 것인데 너도 알고 있었니? 나도 여러 나라를 다니면서 말이 통하지 않을 때는 미소를 지으면 해결이 되는 경우도 많이 있었단다. 앞으로도 어려운 일이 생겨 곤란할 때 네 이름처럼 방긋이 미소를 지어보렴!

넌 한때 교사가 꿈이었는데 이제 그 꿈을 접고 금융분야에 관심이 생겨서 그 분야 학교를 진학하게 된 것 같구나. 합격을 진심으로 축하한다. 이제 금융인은 기본적으로 돈을 중심으로 관계된 것에 관하여 일하는 것인데, 네가 공부를 하면서 항상 돈이란 수준 낮은 단어에 머무르지 않기를 바란다. 세상에는 여러 가지 분야에서 일할 수 있지만 이 돈 문제는 역시 간단하지 않고 출생하여 죽을때까지 복잡한 구조 속에 움직이는 것이다. 때문에 돈을 알기 위해서는 먼저 시간이 나거든 광양시장을 한 번 둘러보고 돈과 관련하여 느낀 것 들을 글로 정리하여 보면 지금까지 생각하지 못한 것을 보게 될 것이고 네 생각이 달라질 것이다.

지금 세계 경제는 불황을 겪고 있으며 한국에도 돈 때문에 해결되지 않은 문제들이 너무 많다. 그리고, 젊은 층에 가장 먹히는 단어 하나만 꼽으라면 단연 취직일 것이다. 이제 너도 3년 후에는 학교를 졸업하고 사회를 향하여 나가야 할 텐데 세상이 그렇게 만만하지 않다는 것을 미리 알았으면 좋겠다고 생각하여 이 글을 보내니 잘 읽어주면 고맙겠다.

경남의 한 국립대 중국학과 학생은 4학년으로 올라가기 직전인 지난 2월 휴학했다. 결국엔 돈 때문이라 생각한다. 이후 매일 아침 8시면 학교 도서관에 나와 밤 11시까지 영어와 상식을 공부하고, 밥을 먹거나 쉴 때는 도서관에서 공부하는 같은 학과 동기 5명과 함께 움직이는데, 이들도 모두 휴학 중이란다. 이 학교 중국학과 4학년은 정원 50명 중 절반에 가까운 24명이 휴학 중이다. 김씨는 "곧장 졸업해서 청년 백수가 되느니 휴학을 통해 학생 신분을 유지하는 게 낫다"며 "요즘 대학생들에게 최소 2~3학기 휴학은 필수"라는 것이다.

휴학은 동시에 우리 사회에서 대학 문화의 하나가 된 것 같구나. 2001

년 들어 처음 90만명을 넘어선 휴학생 숫자는 작년까지 12년째 단 한 번도 90만명 밑으로 떨어지지 않았다. 올해에도 전국 216개 4년제 대학, 8069개 학과의 휴학률을 전수 조사한 결과 휴학률이 30% 이상인 학교가 95개(43.98%)에 달했고, 휴학률이 30% 이상인 학과는 3390개(42.01%)였고, 이 중에서도 1002개 학과는 휴학률이 40%를 넘었다. 휴학생이 절반 이상인 학과도 249개에 이르렀다. 전문가들은 '휴학생 100만명 시대'에 대해 매우 우려하고 있단다. 대학생 3명 중 1명꼴로 휴학 중인 사실은 학생들이 사회에 원활하게 진출하지 못해 우리 사회의 성장을 가로막을 수도 있어 심각하게 받아들여야 할 것 같구나.

너의 경우도 3년 후 고교 졸업을 하고 취업을 하기는 그렇게 쉽지 않을 것이다. 그러나 네가 이 세상의 어려움을 깨닫고 열심히 공부한다면 어려운 것만은 아닐 것이다. 이제 어느 학교를 졸업한다고 학교가 네 취업을 보장해 주는 시대가 아니란 것을 명심하기 바란다. 박사도 취업이 되는 것은 아니니까. 이제 네가 졸업을 하면 실력에 의해서 너의 능력을 필요로 하는 사람이 너를 고용하게 될 것이다. 그렇게 되면 네가 생각한대로 남부럽지 않은 세상을 살아 갈 것으로 확신한다.

애플 창업자 스티브 잡스는 소비자 지상주의를 중심으로 기업을 운영하였단다. 사실 너를 제외하곤 모든 사람이 소비자라고 생각해 보면 어떨까? 이제 이 소비자들의 마음을 끌어당기려면 단순함과 쉬움의 전략을 가지고 가면 될 것이다. 그러나 이 단순함과 쉬움이란 그냥 쉽게 산출되는 것이 아니거든. 선생님들도 기본적으로 매시간 어떻게 하면 잘 가르칠까 노력하지만 쉽게 가르치기는 아무런 노력없이는 이루어지는 것이 아니라는 것을 깨달았단다.

불가에서는 옷깃만 스쳐도 인연이라 하였다. 너와 내가 광양여중에서 만난 것은 무슨 인연일까. 인연이란 우연이 아니고 필연이라고 생각하는 사람도 있다. 말하자면 만날 사람은 언젠가 꼭 만나게 된다는 뜻이기도 하지. 이제 여중을 떠나 낯선 친구들이 많은 새로운 고등학교 생활을 가슴뛰게 살기 위해서는 너도 준비를 잘 하기 바란다. 날마다 목표를 세우고 열정적으로 살기를 바라면서 네가 살아가는 길을 지켜보겠다.

평범하게 살겠다는 진하에게

이제 정말 날씨가 추워졌구나. 겨울은 겨울다워야 한다지만 추운 겨울이 더더욱 냉혹하게 느껴지는 사람들도 많을 것 같아 마음이 아프기만 하구나. 넌 평소에 운동도 열심히 하면서 몸 관리도 잘 하고, 컴퓨터에도 관심이 많아 미래의 방향과 적합한 자질을 네가 갖고 있다고 믿는다. 그러나 너의 자료를 보고 느낀 점은 좀 더 큰 꿈을 구체적으로 꾸고 살기를 희망해 본다. 존 고다드는 "꿈은 머리로 생각하는 것이 아니라 가슴으로 느끼고 손으로 적고, 발로 실천하는 것이다."라고 하였다.

김연아도 어릴 때 자기의 꿈을 일기장에 기록해 놓았는데 힘들 때 마다 그 꿈을 보았다고 하구나. 꿈은 단지 적어 놓는다고 해서 이루어지는 것도 아니며 신념을 가지고 진심으로 원하는 것을 생생하게 상상하고 있는가에 달려 있다고 본다. 그래서 평소 내가 존경하고 있는 나폴레온 힐이 말하는 소망 달성을 위한 6가지 원칙을 너에게 소개하고자 한다.

첫째, 네가 바라고 있는 돈의 '금액'을 명확하게 한다. 단, 단순히 '많은 돈을 벌기 원한다.'라는 생각만으로는 안 된다.

둘째, 네가 원하는 만큼의 돈을 얻기 위해 당신은 '무엇을 할 것인가'를 결정한다. 이 세상에는 대가 없는 보답이란 존재하지 않는다.

셋째, 소망을 달성하는 '기일'을 정한다.넷째, 돈을 얻기 위한 면밀한 계획을 세우고 가령 그 준비가 덜 되었더라도 상관하지 말고 즉시 행동에 들어간다.

다섯째, 지금까지의 4가지 원칙 (얻고 싶은 돈의 금액, 그러기 위해 할 일, 그 기일, 면밀한 계획)을 종이에 상세하게 기술한다.여섯째, 이 종이에 적은 선언을 1일 2회, 잠자리에 들기 직전과 아침에 일어난 즉시, 되도록 큰소리로 읽는다. 이때에 너는 이미 그 돈을 가졌다고 생각하여 그렇게 믿어 버리도록 하는 것이 중요하다.

그리고 매일 아침 일어나면 네가 이러한 것들을 이미 이룬 것으로 생각하면서, 상상한 것을 구체적으로 시각화하고 있다면 이는 너에게 더욱 열정을 더하게 할 것이다. 마시막으로 지금 상상한 것이 이루어진 것을 보면서 가슴이 뛰고 있다면 거의 이룬 상태에 도달한 것으로 생각해도 좋을 것이다. 인생은 만들어 가는 것이다. 네 부모가 지금까시는 간섭을 히면서 너를 안내하였지만 이젠 네 스스로 항해하여야 할 시간이 다가온 것 같구나. 그게 바로 고등학교의 삶에서 성공할 수 있는 지름길이란 것이다.

이미 방송이 끝난 TV드라마 '여인의 향기' 마지막 장면에서 연재가 남긴

대사는 "앞으로 나에게 주어진 시간이 얼마인지는 알 수 없다. 며칠이든 몇 달이든 더 많은 날이든…. 그건 중요하지 않다. 나는 그저 내가 살아있는 오늘을, 지금 이 순간을 살아가면 된다. 후회 없이"이다. 이제 남은 중학교 마지막 시간을 후회 없이 보내길 기대한다.

침묵 수행

입을 다물고 있으면 입에 침이 고이듯이 마음도 정리되고 충실해져 삶이 비옥해집니다.

말을 많이 하면, 말할 때 에너지가 소비되고 말을 하고 나서도 여러 가지 생각을 하느라 또 에너지가 소모됩니다. 내 말을 오해하지 않을까? 어떻게 받아들일까? 왜 이 말을 안 하고 왜 이 말을 했을까?

말이 적고 서툰 사람도 별로 걱정할 필요가 없습니다. 중요한 것은 내면입니다. 표현은 그렇게 중요하지 않습니다. 마음이 넉넉하고 아름다우면 가만히 있어도 그 마음을 알아줍니다.

꿈을 정하지 못한 현빈이에게

현빈아! 네 스스로 자랑은 아니지만 "아직 꿈을 정하지 못했다."는 너의 말에 공감이 간다. 어떻게 꿈을 정하는가에 대한 이야기를 들어본 적이 있는지? 우리 학교에 진로 직업 관련에 관하여 상담해주는 선생님이 계시니 꼭 찾아가 상담을 하여 보기 바란다. 그리고 더 많은 체험과 활동을 통하여 너의 특성에 맞고 네가 잘 할 수 있는 일을 찾고 싶다니 아직도 늦지 않았다고 생각한다. 앞으로 시간이 있으니 계획을 세워 많은 체험을 하여 보기 바란다.

너처럼 고민하고 있는 학생들을 위하여 우리나라에도 좋은 시설이 만들어져 있다. 만일 시간이 된다면 방문하는 것도 큰 도움이 될 것이다. 한국잡월드는 어린이와 청소년들에게 다양한 직업세계에 대한 탐색과 체험 기회를 제공하여 건전한 직업관 형성과 직업선택지원에 기여하기 위한 고용노동부 산하기관이다. 2012년 5월 15일 경기도 성남시에 문을 열었다. 6월

12일 현재 105만명의 방문객을 기록하고 있다. 우리 학교 학생들도 여기에 가 체험을 한 적이 있단다. 네가 중학생이니 자신의 직업흥미와 재능에 대해 확인해보고, 관련 직업 체험 및 정보를 찾아보면서 자신이 꿈꾸는 직업에 대해 보다 가까이 접근해 갈 수 있을 것이다.

8만 평방미터의 부지 위에 지하 1층, 지상 4층 건물(연면적 3만 7,800평방미터)로 지어진 어린이직업체험관에서는 37개 체험실에서 44개의 직종을 체험할 수 있다. 청소년직업체험관에서는 41개 체험실을 통해 65개 직종을 체험할 수 있다. 한국잡월드 체험관은 항공기 조종실, 종합병원 수술실, 우주센터, 패션쇼장 등 실제 직업현장과 유사한 환경에서 심층적 체험이 가능하도록 구성되어 있다.

넌 음악분야에서 일하고 싶다니 우선 음악 선생님을 찾아가 음악분야에 관한 정보를 얻었으면 좋겠다. 그리고 신문이나 방송을 통하여 네가 관심 있는 사람에 대한 정보를 찾아보는 것도 도움이 될 것이다. 모든 것이 하루 아침에 이루어지는 것도 아니니 끊임없이 조사하고 분석하여 네 갈 길을 정하면 좋겠다는 생각이다.

민주야,
특성화고 진학을 진심으로 축하한다

민주야, 너의 특성화고 진학을 진심으로 축하한다. 네가 가고 싶은 학교에 자신있게 접근하는 모습이 대견스럽게 보였다. 너의 학교는 전국 유일의 여성 마이스터고로 2010년 개교 당시 '졸업과 동시에 취업 100%'를 슬로건으로 내걸었는데 첫 졸업생들이 2013년 2월 배출됐고 목표는 달성됐다는 것으로 알고 있다. 취업이 어려운 시대에 목표를 달성한 대단한 학교라 생각한다.

우리는 모두 성공하기를 추구하는 시대를 살아가고 있다. 그러기에 성공을 위해서는 대부분의 학생들이 명문대에 가야 한다고 생각하는 시대이다. 그러나 넌 특성화고를 택하여 너의 하고 싶은 것을 한 후 대학도 고려해 보겠다는 너의 마음을 읽을 수 있었다. 성공한 사람들이 나오는 방송을 본 젊은이들은 "나는 정말 성공하고 싶다.", "나는 잘 되고 싶다."하고 자기 자신에게 다짐하는 경우가 많지 않을까 생각한다. 선생님도 학생들을 위한 강연회에 가보면 학생들이 자연스럽게 다가와 "선생님 어떻게 하면 성공할 수 있습니까?"하고 질문을 받곤한다.

만일 너에게 누가 "성공이 무엇입니까?" 라는 질문을 한다면 나름대로의 성공에 대한 정의를 한번 해 보는 기회를 가질 필요가 있지 않을까? 우리가 무엇인가를 추구할 때 먼저 있어야 할 것은 그것에 대한 정의이다. 학생들이 공부를 할 때 원리나 법칙을 익힐 때 항상 어떤 정의를 먼저 분명히 한 후 공부를 하는 것이 좋지 않겠나 생각한다.

어떤 이는 성공을, 물질적인 부의 추구를, 또 어떤 이는 명성과 같은 것을 들을 수도 있고, 또 어떤 이는 좀 더 자유롭고 당당한 삶을 성공의 정의로 이야기 할 수 있을 것이다. 사람의 가치관에 따라 그것은 다양한 모습을 띨 수 있다고 본다. 대개의 경우는 이런 요소들의 가중치를 좀 다르게 두는 방식으로 성공을 정의 해 볼 수 있지 않겠나 생각한다.

우리가 성공하고 싶다, 성공하는 사람이 되고 싶다는 목적을 향해서 나가갈 때 무엇이 가장 필요할까? 어떤 사람이 좋은 부자 부모를 만나서 좋은 환경에서 많은 과외를 받고 좋은 학교를 다닌다면 일단 출발선에서 좀 더 앞설 수 있을 것이다. 이렇게 운이 좋은 사람들도 세상에는 있다. 그러나 매스컴에서 보면 어려운 상황에서도 자신의 삶을 일구어서 정상에 다가선 사람들을 만나는 것은 그렇게 어렵지 않다. 그 사람들은 무엇을 가졌기 때문에 그렇게 정상에 설 수 있을까 이런 질문을 스스로에게 해 보면 좋겠다.

모든 사람의 성공을 가능하게 하는 것은 그 사람이 어떤 생각을 가지고 있느냐 즉, 어떤 사고방식을 갖고 있느냐 하는 것만큼 중요한 것도 없을 것이다. 어쩌면 학업이 조금 뒤쳐질 수도 있고 또 좀 가난한 집에서 태어났을 수도 있다. 또 어려운 상황에 처할 수도 있다. 그러나 그런 와중에서도 건강하고 굳건한 사고방식과 생각만 가져도 사람은 영광의 존재가 될 수 있지 않을까? 과연 우리가 그처럼 건강한 생각, 굳건한 생각, 현명한 생각, 바람직한 생각을 하게 되는 하는 기초는 바로 의타심으로부터 자기 자신을 끌어내는 일이다. 누군가 어떤 요소 때문에 내가 이런 환경에 처해 있다. 이런 부분들은 모든 어려움과 가난을 불러들이는 가장 중요한 이유 가운데 하나가 될 수 있다. 만일 우리가 삶을 통해서 정말 대단한 인물, 똑똑한 인물로 자리매김하길 간절히 소망한다면 반드시 너의 스스로의 힘과 지력을 가지고 세상을 간절히 원하는 방식대로 만들어 갈 수 있다고 믿는다.

이와 같은 일종의 자립심이라고 할 수도 있고 자립자존의 정신이라고도 할 수 있다. 또 그것을 자조정신 영어로 self-helper "하늘은 스스로 돕는 자를 돕는다" 그런 경구와 마찬가지로 그와 같은 정신적 배경을 갖고 우리가 세상에 임할 수 있다면 사람은 어떤 환경에서든 자신을 원하는 자리까지 만들어 낼 수 있지 않을까 생각한다. 나와 만나는 모든 사람들이, 친구도 많이 사귀어 가면서 격변하는 시대에 건강한 사고방식을 가진 사람으로 삶을 꿋꿋하게 개척해 나갈 수 있기를 기대한다.

50이 넘은 제자에게

어언 세월이 흘러 나도 60을 넘어섰고 자네도 아이들을 모두 키우고 50이 넘은 세월이 흘러갔네. 그 동안도 열심히 살면서 나름대로 행복한 생활을 하고 있는 모습이 대견스럽기 그지없다네. 푸르른 오월을 맞이하여 가슴도 푸르고 희망이 가득하여야 할 계절인데 우리 모두가 이 땅에 살기에 어두움을 피하지 못하고 있는 것 같네.

앞으로도 살아가야 할 시간이 짧은 시간은 아니기에 오늘 자네에게 글을 써 본다네. 우리는 어떤 직업을 갖고 있든지 간에 꼭 학생이 아니더라도 성장을 위해서, 시장에서 좋은 기회를 잡기 위해서, 고객을 감동하기 위해서, 좀 더 멋진 상품이나 서비스를 만들기 위해서 항상 배워야 하는 시대에 접어들었네. 특히 오늘날처럼 우리가 갖고 있는 지식이 빠른 속도로 쓸모없는 지식으로 바뀌어가는 시대 속에서는 뭔가 새로운 것을 배우고 재충전하는 부분들이 원활하게 이뤄질수록 우리가 멋진 인생을 살아갈 수 있지 않을까 생각한다네.

하니웰인터내셔널의 최고 경영자로 있는 래리 보시디(Larry Bossidy)라는 사람이 배움에 대해서 들려주는 조언을 한 번 들어보는 것도 귀한 기회가 되지 않을까 싶다네.

래리 보시디라는 사람은 '배움은 단순히 머리를 굴리는 것과 본질적으로 다르다. 배우기 위해서는 인내심이 있어야 하고 일관성을 가져야하고, 적극적인 참여와 헌신과 몰입이 필요하다'고 강조하네. 또 자신의 행동을 되새겨서 고쳐가려는 교정하려는 노력도 뒤따라야함을 거듭 이야기 하고 있다네. 내 경험에 비춰볼 때 이 모든 노력이 일단 궤도에 올라서기만 하면 성장잠재력은 무한대로 확장될 수 있다.' 는 믿음이 생겨났다네. 래리 보시디의 얘기를 들으시면서 무엇을 생각했을까? 배움이라는 것은 단순히 지식이나 정보를 축적하는 것뿐만 아니고 한 사람의 생활 습관이라든지 삶에 대한 태도라든지 삶에 대해서 갖게 되는 마음가짐을 바꾸는 것이네. 래리 보시디가 강조한 부분은 인내심과 일관성과 적극적인 노력과 헌신과 몰입, 그리고 교정하려는 노력 이와 같은 부분들이 함께하지 않으면 절대로 배움을 제대로 이끌어 갈 수 없는 것이지. 어느 분야에서 일하든지 좀 더 어떻게 학습을 할 것인가? 좀 더 많은 학습 시간을 확보할 것인가? 하는 문제를 갖고 고민하는 시간도 꽤 있지 않을까 싶네.

오늘 드리고 싶은 조언은 몇 가지를 요약을 할 수 있겠는데, 첫 번째 분명히 정하셔야 할 것은 내 직업적인 성공, 또 행복을 위해서 무엇을 학습

해야 하는가? 이른바 학습의 목표를 정확히 결정하는 부분이 필요하지 않을까 싶다네. 많은 경우에는 무엇을 학습해야 되는가? 라는 부분이 정확히 정의되어 있지 않기 때문에 조금 하다가 그냥 포기해 버리는 경우가 많이 생기게 되거든. 그래서 항상 무엇인가를 배워야겠다는 생각을 하시면 무엇을 내가 배워야 되는가? 하는 부분을 먼저 꼭 챙겨보시기를 권하고 싶네.

두 번째는 아주 관심 있게 보셔야 될 부분 가운데 하나가 모든 사람은 자신만의 독특한 학습에 대한 스타일이 있다고 할 수 있어. 다시 이야기하면 학습하는 방법이 사람마다 다 다를 수 있다는 것이지. 그래서 학습법을 좀 더 관심 있게 관찰하고 연구해볼 필요가 있지 않겠나 생각하네. 어떤 사람은 들어서 잘 배울 수 있는 사람이 있는 반면에 또 어떤 사람은 읽으면서 잘 배울 수 있는 사람들도 있음을 발견하네. 물론 단점을 보완하는 것도 중요하겠지만 우선 학습에 대해서 장기를 갖고 있는 학습방법에 좀 더 많은 시간과 재원을 투입할 필요가 있지 않겠는가 생각하네.

그 다음에 세 번째는 그냥 학습을 하고 배우고 익히는 것이 그 어찌 즐겁지 않은가? 이런 정도에 머물게 되면 계속해서 배움을 갖기가 쉽지 않으리라 생각하네. 사람은 본래 뭔가를 했을 때 자기에게 유익함이 돌아올 때 좀 더 열심히 하려고 노력을 하게 되거든. 그래서 학습결과를 반드시 실천에 옮기셔서 뭔가 행복이라든지 물질적인 이득이라든지 기쁨과 같은 실질적인 실리를 챙길 수 있는 그런 부분에 대해서 좀 더 관심을 갖게 되시면 학습이 또 배움이 좀 더 원활하게 이뤄질 수 있지 않겠나 생각한다네.

앞으로의 시대는 평생학습의 시대이기에 일단 다른 교육기관의 도움을 받지 않고 자기 스스로 뭔가를 배워나갈 수 있는 그런 체계를, 또 습관을 잘 만들어 놓는 부분이 중요하다는 점을 강조해 드리면서, 이것이 어려울 때는 평생교육기관의 성인강좌 도움을 받는 것도 권하고 싶네. 무엇보다 중요한 것은 건강을 잘 챙기고 주변의 좋은 친구들과 네트워크를 만들어 자신이 갖지 못하는 정보를 확보하는 것도 좋은 기회를 만들 수 있으리라 생각하네. 다시 한번 남은 시간도 행복한 시간 만들어 가시길 기원하네.

지연아,
꿈이 무엇인가를 아는 기회가 되었구나

지연아, 김영관씨의 이야기에 감동해서 이렇게 적게 되었다는 글을 보고 나는 네가 받은 그 감동이 앞으로 삶에 등대가 될 수 있으리라 믿는다. 나와의 약속을 잊지 않고 실천함으로 너에게도 좋은 기회가 오리라 생각한다. 이번 강연에서 꿈이 어떤 역할을 하는지 아는 시간이 되었었지?

김영관씨는 '척수성근위축증' 즉, 근육이 점점 위축되고 마비되는 희소병을 가지고 있었다. 당시 국내에는 잘 알려지지 않는 병이었기 때문에 원인조차 찾을 수 없었다고 하였다. 병을 앓으면서 앉아 있지도 못하고 누워서만 생활해야 했기 때문에 초등학교 시절에는 거의 공부를 하지 못한 아픔이 있었지.

점점 건강이 회복되고 중학교 때부터 공부를 시작하게 되었는데 공부의 기초가 없어 공부에 따라가기 힘들었다고 하였다. 첫 중간고사 때 국어를 18점을 맞은 후 김영관씨는 공부에 매진하게 되었고, 그 결과 성적이 많이 오르게 되었는데 그때 이런 생각을 하였다고 하셨다.

'아. 내가 공부 말고는 할 게 없겠다. 공부만이 내가 살아갈 수 있는 길이겠구나' 라고…. 그 이후 더 열심히 공부를 해 지금은 서강대에서 정치 외교학을 전공하고 사법고시를 준비 중이다. 일반 사람들도 하기 힘들다는 사법고시를 준비 중이라는 이야기를 듣고 너무 대단하게 느꼈다.

마지막으로 2000쪽이 넘는 책을 효과적으로 외우는 방법을 말씀해 주셨는데, 먼저 목차를 중심으로 외우고 거기에 살을 덧붙여가는 방식으로 공부를 한다고 하셨고 꾸준히 반복해서 외우고 입으로 계속 내용을 말하면서 외운다고 하셨다. 무작정 외우는 것이 아니라 공부를 하는데도 순서가 있는 것이구나. 라고 느끼는 좋은 시간이 되었다니 참 다행이다. 이것을 아는 것이 단어 하나를 외우는 것보다도 더 중요한 공부가 아니겠니?

강연이 끝난 후 자신의 손과 발이 되어준 어머니의 은혜에 대하여 말하였는데 '현생에서는 내가 도저히 그 큰 은혜를 갚을 길이 없고 다음 생에 어머님의 부모로 태어나서 그 은혜를 갚고자 합니다.'라고 말씀하셨는데, 이 말이 나에게 너무 가슴이 찡하였다. 이번 강연을 들으면서 내가 건강하게 태어난 것에 감사했고 다시 한 번 부모님의 은혜에 감사하는 기회를 갖게 되었다. 대법관을 꿈꾸는 김영관씨처럼 너도 큰 꿈을 꾸면서 공부방법을 검토하여 보고 노력한다면 분명히 너에게 좋은 기회가 올 것이라 교장 선생님은 믿는다.

광양여중생들이여,
이 세상의 빛으로 살아가길

시간이 흐르는 물처럼 삶의 정거장을 뒤로한 채 떠나야 하는 것이 세상의 이치이다. 벌써 4년이란 세월이 광양에서 훌쩍 지나갔다. 많은 학생들과 선생님들과의 만남은 소중하였다. 다시 만날 기약은 꼭 하지 않았지만 내가 뿌린 씨앗이 어떻게 자라는가는 지켜 볼 예정이다. 건강이 허락하는 날까지.

"광양은 빛의 도시입니다. 미래에도 빛을 발할 사람은 지금 여기에서 공부하고 있는 여러분들입니다. 교장 선생님은 이번 9월 1일자로 광양여중에서 공모교장으로 2010년 9월 1일 부임하여 근무를 마치고 이번에 순천동산여중으로 전근하게 되었습니다. 이곳에서 생활은 행복했습니다. 내 꿈이 8월말까지 행복한 학교를 운영하는 것이었습니다. 그 꿈이 이뤄졌기에 행복한 것입니다.

인간은 누구나 소박할지라도 크고 작은 꿈이 있지요. 그러나 그 꿈이 어려운 상황을 만날 때 좌절하게 됩니다. 이때 이 벽을 깨는 길은 없을까요? 지금도 수많은 학생들이 꿈을 꾸지 못하고 심지어 수업시간에도 가끔 잠자는 학생들의 모습을 보면 안타깝기 그지없습니다.

여러분과 헤어지는 마지막 시간에 한 여성의 이야기를 하겠습니다. 그녀는 가난한 엿장수의 딸로 시골에서 태어나 사회의 편견과 냉대 속에서 살았습니다. 그녀는 절망뿐인 현실을 희망의 내일로 바꾼 사람입니다. 그녀의 과거는 분노가 가득했고, 삶에 반항하였으며 차별을 받으면서 오기가 넘치기도 하였답니다.

이런 그녀가 하버드대 박사, 소장, 동기부여 강사, 베스트셀러 작가로 오늘을 살고 있습니다. 그녀가 만든 희망은 많은 절망에 빠진 사람들에게 희망의 메시지가 되고 있습니다. 그녀는 "한 번뿐인 인생인데 그걸 어떻게 살다갈까? 이것을 바로 내가 결정한다는 거죠."라고 자신있게 말한다. 또한, "내 미래까지도 짓밟는 그런 삶은 절대 살지 않겠다!"는 것입니다.

그렇습니다. 인생은 딱 한 번 뿐입니다. 가발 공장 직공에서 미국 육군 소령을 거쳐 하버드 박사학위를 취득하며 희망의 증거가 된 희망연구소 서진규 소장은 1999년 쓴 자전 에세이 '나는 희망의 증거가 되고 싶다'는 베스트셀러가 되어 오늘도 많이 읽혀지고 있습니다. 어린 시절 여자란 이유로 차별과 구박을 받으며 자란 그녀는 가난한 가정 형편으로 고등학교를 졸업하자마자 가발 공장 직공과 식당 종업원으로 일을 하던 중 미국에서 가정부를 구한다는 구인 광고를 보고 혈혈단신 미국으로 떠났지요. 왜

이트리스로 일하며 미국에서 만난 남자와 결혼해 아이도 낳았지만 남편의 폭력으로 하루하루를 힘겹게 보내야 했습니다.

그런 그녀는 현실 도피처로 군대를 선택하여, 이후 미 육군 소령으로 예편하기까지 20여 년간 군인으로 몸담으며 자신의 능력을 발휘했고 이후 마흔 둘의 나이에 하버드대에 입학해 59세의 나이에 박사 학위를 받았습니다. 서진규 박사는 '군대는 참 평등하다'며 '개인의 실력을 인정해 주고 자발적으로 일을 하는 태도나 성과에 대해서 보상 등의 대우가 굉장히 달랐다'면서 누군가를 의지하기 보다는 늘 스스로 이겨내야 했다고 말했습니다.

그녀의 딸인 조성아씨도 미군 육군 소령으로 근무하고 있지요. 대학 시절 ROTC 생활을 하고 졸업 후 4년의 의무기간을 시작으로 현재까지 14년간 군 생활을 하고, 또 하버드대에 입학해 어머니가 걸어온 발걸음을 그대로 밟고 있습니다. 어머니의 삶을 곁에서 지켜봐 온 딸 조성아씨는 "어렸을 적 어머니의 복제인간이 되는 것이 꿈 이었다"라고 밝혔습니다. 또한 그는 10개월간의 한국 근무를 끝으로 미 육군을 그만두고 또 다른 도전을 계획하고 있는데, 어린 시절부터 간직했던 외교관의 꿈을 이루기 위해 새로운 시작을 다짐한 것입니다.

여러분과 떠나는 자리에서 우리 학교 학생들도 미래의 삶을 어떻게 살 것인가를 서진규가 쓴 '나는 희망의 증거가 되고 싶다'는 책을 꼭 읽어 보고 꿈꾸길 기대하여 봅니다. 유튜브에서 서진규 박사를 검색하면 여러 개의 동영상이 있습니다. 같은 여자의 입장에서 또 자신이 만일 지금 이 시간이 불행하다고 생각한다면 그녀의 삶의 영상을 다시 한 번 보기 바랍니다. 그리고 희망이 무엇인가? 어떻게 살 것인가? 딱 한 번뿐인 인생을 멋지게, 신나게, 행복하게 살기 소망해 봅니다.

나와 함께 3년 동안 광양여중에서 호흡하고 한솥밥을 먹었던 광양여중 모든 소녀들이 어제보다는 오늘 더 많이 기뻐하고, 슬퍼하고 갈망하고 꿈꾸길 바라면서, 여러분의 가정에 행복과 평안이 늘 함께 하기를!"

2014. 8. 29

광양여중을 떠나면서

소연아,
글을 쓰다 막히더라도 포기는 없다

소연아, 넌 문학소녀로 소설에도 관심이 많으리라 믿는다. 이청준은 '마르지 않는 한국 문학의 샘' 이라 할 수 있다. 그래서 소설가 이청준(1939~2008)을 추억하는 후배 소설가들이 한자리에 모였단다. 그의 소설은 후배들에게 소설을 쓰게끔 충동을 불러일으켰고 좋은 소설가가 되게끔 자극했다. 그리고 현재 진행형이다.

광주 조선대에서 열린 제6회 이청준문학제 '내가 읽은 이청준' 시간에 소설가 이승우, 이기호, 정용준 등이 참가했다. '생의 이면'으로 해외 문학계의 뜨거운 찬사를 받은 이승우는 "나를 소설가로 만든 것이 이청준 선생"이라고 했다. 그는 이 선생과 같은 전남 장흥 출신이다. 장흥에는 자연의 영향인지, 아니면 인문 환경의 영향인지 한승원, 송기숙 등 뛰어난 작가들이 즐비하단다.

"저에게 쓰기에 대한 최초의 충동을 불러일으킨 소설은 이청준 선생님의 '나무 위에서 잠자기'입니다. 이 소설은 어떤 이야기의 재미나 감동, 어떤 사상의 심오함이 아니라 그것들을 전달하기 위해 동원하고 배치하고 설계하는 작가의 수고에 대해 깊은 생각을 하게 했습니다."

이승우는 1981년 첫 소설 '에리직톤의 초상'으로 '한국문학' 신인상을 받으며 등단했다. 당시 심사위원이 이청준 선생이었다. 그는 "편집부 직원에게 전해 들은바 이 선생이 내 소설을 적극적으로 지지해 주셨다"며 "끈기 없는 내 성격상 그때 떨어졌으면 포기했을지도 모르니 내게 소설가란 이름을 붙여 주신 분"이라고 했다.

습작 시절부터 이청준의 소설을 여러 번 반복해서 읽으며 공부했다. 그는 "글의 길이 막힐 때마다 선생의 소설을 펼쳐 읽으면, 신기하게도 막혔던 글의 길이 희미하게 보이고 그러면 그 희미한 빛에 의지해서 다시 쓰면서 최초의 소설을 완성할 수 있었다"고 말했다.

'바벨'을 쓴 소설가 정용준도 스승 이승우 소설가의 추천으로 '소문의 벽'을 읽게 됐다. 그는 "'소문의 벽'을 읽고 소설이 인간을 다루고 인간의 삶을 탐구할 때 얼마나 강력해지는지 알았다. 좋은 소설에는 영원히 풀리지 않는 모순이 있고 그 모순 속에 인간이 있음을 깨달았다"고 했다.

이기호는 이청준 연작소설 '가위 밑 그림의 음화와 양화'에 대해 "기억과 망각의 가위눌림 속에서 하나의 그림을 보여주고자 분투하는 작가 자신의 모습이 있다"고 했다. 그는 "1980년대 리얼리즘 소설, 후일담 문학이 득세하던 시기에 반대 방향으로 가려 했던 작가의 윤리 의식을 볼 수 있다"며

"소설은 내용이 아니라 문장이고, 새로운 태도나 내면을 만드는 것이 작가의 문장인데, 이 선생의 소설은 문장의 힘이 지면을 뚫고 나온다"고 했다.

무엇보다 글을 쓰다 보면 막힐 때가 있을 것이다. 이런 시간이 오는 것도 당연한 일이라 생각한다. 그때 너도 네 모델이 되는 소설가의 소설을 반복하여 읽으면서 길을 찾기 바란다. 네가 만일 소설가가 된다면 넌 도서관이 너를 그렇게 만들었다고 말할 수 있겠지. 두드리는 자에게 문은 반드시 열리기 때문이다.

민서야,
합격을 축하한다

민서야, 합격을 축하한다. 아마 최근에 너에게 가장 행복감을 주는 소식이겠지? 중학교를 마감하면서 가장 감동적인 순간이 바로 과학고에 합격하였다는 통지였겠지. 교장 선생님도 여러 시험을 거치면서 살아왔는데 이런 소식처럼 기쁜 것이 없다는 것을 느꼈단다.

이제 넌 새로운 단계로 접어드는 길목에 있다. 이제 리더가 되기 위하여 준비하여야 한다. 혹시 넌 아니? 시대를 막론하고 리더의 힘은 언어에서 나온다는 것을, 리더는 언어로 대중을 장악하고 언어로 기억되며 언어로 전승된다는 것을, 리더의 통찰력은 말보다 글로 쓰였을 때 가장 강력하게 표현되어 단번에 대중의 마음을 사로잡는다는 것을, GE의 이멜트, 구글의 슈미트 같은 세계 굴지 기업의 CEO들이 세계 최고의 부자 워런 버핏에게 글쓰기 과외를 받았다. 그러니 너도 성공하고 싶다면 우선 자신의 글쓰기를 돌아봐야 한다. 즉 너의 글에 투자해야 한다는 얘기다.

네 자신이 이야기 한 것과 마찬가지로 내가 쓴 글을 많이 읽어 보았겠지. 그리고 네 자신이 글쓰기에 자신이 없었지만 열심히 노력한 결과 1등까지 한 경험이 있지 않니? 앞으로 넌 한 조직의 리더가 될 것이다. 그래서 네가 쓰는 글은 너의 세계관과 주제 의식, 지적 능력을 나타낼 것이다. 또한 조직 구성원들의 정서와 의지에 영향을 미쳐 함께 목표한 것을 이뤄내는 데 결정적인 역할을 할 것이다. 그리고 네가 동의하든 하지 않든 이제는 디지털 시대, 즉 웹에서 문자로 소통하는 시대다. 따라서 쓰기라는 커뮤니케이션이 아니고선 소통할 수도 표현할 수도 없다.

그래서 어려서부터 쓰기에 투자를 많이 하여야 할 것이다. 나도 지금 도서관에서 빌려온 '대통령의 글쓰기'를 읽고 있는 중이다. 쓰기에 관한 책이 많이 있지만 다른 책 한권 '당신의 글에 투자하라'를 소개한다. 이 책은 학교에서나 가르칠 법한 작문 교과서가 아니라, 너의 생각이나 주장을 대변하는 똑떨어지는 한 편의 글을 쓸 수 있는 방법을 제시하고 있다. 덧붙이면 저자는 이 책에서 글 잘 쓰는 이들이 저마다 터득한 비결, 즉 노하우를 체계적으로 배우고 훈련하면 아무리 글 쓰는 데 소질이 없는 사람도 글 쓰는 기본이 잡히고, 기본이 잡히면 비로소 쓰기가 만만해지고, 쓰기가 만만해지면 더 나은 글을 쓰는 건 시간문제라고 강조하고 있다.

그리고 글을 잘 쓴다는 것은 대중을 이해하고 시대가 요구하는 전문성과 보편성을 두루 갖춘 T자형 인재라는 증거이므로, 이제 너도 너만의 콘텐츠를 생산함으로써 지적 생산성을 지닌 퍼스널 브랜드로 인정받을 수 있도록 너의 글에 투자하라고 역설하고 있다.

참고로 저자 송숙희씨는 세계에서 가장 손꼽히는 부자이면서 투자자이자 기업인인 워런 버핏과 그를 '경제 분야 사부'로 모신 버락 오바마 대통령에게 반해 이 책을 썼다고 하는데, 워런 버핏은 한 편의 글로 주주를 예우하고 자신의 회사를 홍보하며 전 세계 투자자들에게 투자의 묘를 설파했고, 버락 오바마는 오래전부터 의도적으로 단련한 글쓰기 실력으로 두 권의 책을 출간하여 학자금 융자를 갚고 상원의원 출마 비용까지 마련하는 등 저자가 주장하는 글쓰기 경쟁력의 산 증인이라고 소개하고 있다.

그리고 네가 보듯이 난 교육을 하는 사람으로 나와 만난 학생들에게 어떻게 하면 긍정적 변화를 일으키고 한국의 교육이 조금이라도 더 좋은 방향으로 진행되기를 바라는 방향에서 글을 쓰고 있다. 너도 앞으로 친구, 선생님, 이웃들에게 마음을 움직이는 글을 써 보기 바란다.

중요한 것은 무엇에 대해 쓸지 고민이라면 자신의 마음을 움직인 것에 대해 쓰는 것이 시작이다. 무엇이든 내 마음을 움직이면, 다른 사람 마음도 움직일 수 있기 때문이다. 그리고 과학고 합격은 너뿐아니라 광양여중에도 경사고 네 가족에게도 큰 경사이니 축하의 시간도 갖길 바란다.

떠나시는 교장선생님께

선생님, 안녕하세요? 오늘은 정말 슬픈 일로 편지를 쓰게 되었네요. 선생님께서 다음 주면 떠나신다는 것이 정말 실감이 안 나요. 선생님과 3년 남짓한 시간동안 교류하면서 정말 많은 것을 배웠습니다. 신문 활용부터 글씨, 용정중 체험, 경제, 공부법 관리까지 정말 수도 없이 많은 도움을 받았네요. 덕분에 제가 지금 이렇게 성장할 수 있었던 것 같아요.

중학교에 들어와 가장 도움을 많이 받은 분은 교장선생님입니다. 2학년 때부터 지금까지 선생님의 모습을 보면서 많이 느꼈습니다. 선생님처럼 학교 학생들에게 열정적이고 헌신적인 분은 없어요. 정말 앞으로 교장선생님 같은 분을 많이 만날 수 있었으면 좋겠어요.

선생님은 글을 정말 많이 쓰시는데 특히 교육면에 많은 투자를 하고 계시더군요. 선생님이 쓰신 글들을 읽어보았는데 정말 교육에 남다른 철학을 가지고 계셨어요. 사실 저는 글쓰기에 재능이 없어 글을 쓰는 것에 거부감이 들었는데 선생님 모습을 보고 글 쓰는 연습을 한 덕에 올해는 글쓰기 대회에서 1등상을 탔답니다. 모두 선생님 덕분이에요.

저는 사실 중학교에 들어와서는 학과 공부에만 매진하려고 했어요. 다른 활동에는 신경도 안 쓰고 있었는데 실제로 선생님으로부터 수업을 들으면서 새로운 분야에 대해 눈을 뜰 수 있었어요. 그리고 가장 중요한 중학교 때 최대한 많은 활동을 하는 것이 중요하다는 것이랍니다. 앞으로 남은 학기동안 계속 외부 활동을 할 생각이에요.

선생님과 1학년 때부터 교류를 했다면 저는 더 성장할 수 있었겠죠? 물론 지금까지의 경험을 바탕으로 앞으로 선생님의 정신을 이어나갈게요. 저는 선생님을 만나면서 정신적으로 많이 바뀌어서 그런지 다른 친구들에게도 선생님과 교류할 기회를 만들고 싶었는데 못 한 게 아쉬워요. 동산여중에 가서도 꼭 학생들과 많이 교류하시면서 저처럼 도움받는 친구들이 많았으면 좋겠어요. 저도 내년이면 고등학생입니다. 지금은 입시를 준비하는 중학생일 뿐이지만 꼭 성공해서 과학고생이 되고 싶어요. 입시를 준비하면서도 선생님 도움을 받아서인지 꼭 성공할 것 같아요. 저는 과학고에 가서도 계속 선생님과 연락하며 지내고 싶어요. 제가 편지 쓰면 답장해주셔야 해요.

생각해보면 제가 과학고에 들어간다고 한 활동들이 선생님께서 가장 먼저 축하해주셨어요. 제가 POSTECH IP 영재기업인 교육원에 합격했을 때 선생님께시 가장 먼저 축하해주신데다 신문지면에 알려주시고 직접 코팅해주신 것 잊을 수 없어요. 담임샘보다 더 많은 관심 가져주신 것 감사해요.

지금까지 정말 많은 선생님의 도움을 받았는데 선생님만 기억에 남네요. 저의 발전을 위해 진심으로 도와주셔서 그런 것 같아요. 저번에 한 번 선생님 제자 분들이 선생님께 편지 남기신 것을 본 적이 있어요. 그 땐 정말 '마음이 깊구나'라고만 느꼈는데 이제는 제가 제일 공감됩니다.

3년 동안 저는 받은 것만 많지 정작 해드린 건 없었네요. 제가 표현을 잘 안 해 선생님에 대한 감사함도 잘 표현하지 않았구요. 벌써 시간이 이렇게 빠르게 지나가고 이렇게 편지를 쓰게 되니 굉장히 낯설어요. 지금이라도 선생님께 감사함을 표하네요. 선생님. 선생님은 정말 진정한 선생님으로 앞으로도 자부심을 가지고 계셨으면 좋겠어요. 비록 저는 지금까지 죄송한 것도 아쉬운 것도 가지고 계셨으면 좋겠어요. 비록 저는 지금까지 죄송한 것도 아쉬운 것도 많았지만, 앞으로도 계속 연락하면서 지내요! 선생님 사랑합니다~

2014.08. 선생님에게
항상 감사한 제자
강민서

해원아,
치과의사가 되길 기대한다

해원아, 너와 내가 만나 이렇게 편지를 쓴다. 네 꿈이 치과의사라니 대단하구나! 중 1때 이꿈을 정하여 아직도 포기하지 않고 있다는 것도 이제 알게 되었다. 넌 책도 많이 읽어 비리 없는 성실한 치과의사가 되겠다는 꿈이 꼭 이뤄지기를 교장 선생님은 기대한다. 그리고 네 말처럼 이 세상 모든 일은 희망만으로는 이뤄지지 않는데 넌 이 사실을 지금 깨달았다니 정말 대단한 학생이라 생각한다.

네가 치과의사가 되겠다니 오늘은 너에게 의사로 살면서 세상을 밝게 한 한 의사 선생님을 소개하겠다. 2010년 오늘 14일은 다큐멘터리 '울지마 톤즈'로 우리에게 잘 알려진 이태석 신부가 선종한 날이다. 그는 48세의 짧은 삶을 살다 갔지만 그의 삶은 우리에게 너무나 길고 가슴 먹먹한 이야기를 들려줬단다. 인간이 인간에게 꽃이 될 수 있음을 보여준 소중한 이야기 말이다.

1962년 부산에서 10남매 중 9째로 태어난 이태석은 10세에 아버님을 여의고 힘든 어린 시절을 보냈고, 많은 아이들을 낳고 바느질로 아이들을 기르느라 약해진 어머니를 생각해 이태석은 의대에 진학을 하였다. 그러나 37세에 그는 신부가 된다. 의사로서 편안한 삶을 버리고 아프리카에서도 가장 오지인 수단으로 떠났다. 낮은 곳으로 낮은 곳으로... 그는 세상에서 가장 낮은 곳으로 떠난 것이다.

오랜 내전으로 남부 수단 사람들의 삶은 말그대로 만신창이가 돼 있었다. 굶주림과 죽음, 절망의 땅에 의사이자 신부 이태석은 웃음과 노래와 희망을 심었다. 흙담과 짚풀로 지붕을 엮고 병원을 세웠고, 우물을 파고 학교를 세웠다. 초등학교에서 시작해 중학교 고등학교 과정을 차례로 개설했으며, 그는 한센병 환자들이 모여 사는 마을을 특히 좋아했다. 그곳 주민들에게 이태석은 자신들의 얘기를 들어주는 유일한 외부인이었다.

그는 특히 음악을 좋아했기에 치료차원에서 시작한 음악을 사람들이 좋아하자 학생들을 선발해 브라스밴드를 만들었다. 무기를 들었던 아이들의 손에 악기가 들려진 것이다. 아이들과 주민들의 얼굴에 웃음이 고이기 시작했으며, 그렇게 8년을 생활하였다. 휴가를 내 한국에 잠시 들렀다 우연히 받은 건강검진 결과에서 그만 말기암 판정을 받게 되었다. 그는 건강을 회복해 아프리카로 돌아가기 위해 무던히도 애썼다.

그러나 끝내 그는 아이들을 만나지 못하고 세상을 떠났다. 그의 장례식에는 1500여명이 참석했는데 대부분 생전에 그를 만난 적이 없었던 분들이었다고 한다. 수단에서도 '친구'들이 달려왔단다. 그는 떠났지만 그가 만든 브라스밴드의 음악은 영원히 멈추지 않을 것이다.

그를 아버지로 부르는 수단 아이들의 마음에 영원히 살아 있을 것이다. 너도 이제 치과 의사가 되기로 작정하였으니 끝까지 포기하지 말기를 바란다. 네가 만약에 포기하고 싶을 때는 이 글이나 이태석 신부가 남긴 책, '울지마 톤즈' 동영상을 보면서 마음을 가다듬고 다시 일어서 전진하길 기대한다. 그리고 네가 성인이 되어 동산여중을 찾아 후배들이 꿈을 키워갈 수 있도록 지켜봐 주기 바라면서 네 꿈을 끝까지 간직하여 멋있는 삶이 되도록 기도하겠다.

제2부 성공편

디자이너가 꿈인 윤정에게

너를 만난 첫 인상은 매우 차분하며 신중하게 행동하는 성격이라는 것을 나는 읽을 수 있었다. 그리고 조금 천천히 말하는 태도와 밖으로 튀지 않는 모습은 네 자신을 알차게 가꾸고자 하는 행동의 표현이 아닌가 생각했다. 그리고 더 잊지 못할 것은 네 스스로 자기주도적 학습을 실천해 가는 자세가 돋보였다. 요즘 우리 사회는 경쟁이 심하고 미래에 대한 불안과 학부모의 강요에 못 이겨 학원을 기웃거리지 않는 학생들이 없는 시대가 되었지만 스스로 공부해 나가는 네 모습은 지금 이 시대에 내가 찾고자 하는 학생상이란다.

우리가 공부하는 이유도 행복한 삶을 살기 위한 것이라 생각해 볼 때, 인간이 가진 가장 중요한 부분인 뇌에 대한 지식이 어느 정도 필요하다 생각해 소개한다. 인간의 대뇌는 논리 · 이성 등 지능지수(IQ)를 담당하는 좌뇌와 감성 · 상상 등 감성지수(EQ)를 관장하는 우뇌로 이뤄졌다는 것이 전문가들의 연구 결과이다. 단일 품종의 대량생산이 경쟁력이었던 산업사회에선 단기간에 많은 지식을 주입하는 정형화된 인재를 양산하는 방식, 즉 IQ 위주의 교육방식이 효과적이었다. 따라서 좌뇌 중심의 교육으로 자연과학적 사고는 발달했지만 우뇌가 관장하는 인문 · 철학적 소양은 소외된 측면이 있었다고 볼 수 있지. 이제는 시대가 달라져 감성이 중요시 되는 사회가 되고 있다. 그래서 어떤 교과서의 내용을 그대로 암기하여 베껴쓰는 시험을 치른 학교교육으로는 우뇌가 발달할 수 없다고 믿는다.

넌 이제석 같이 훌륭한 디자이너가 되고 싶다고 하였지? 그 동기에 대해선 아직 구체적으로 잘 모르지만 너만의 동기가 있었겠지? 요즘 시대의 흐름을 보면 다품종 소량생산 체제의 현대사회는 감성과 창의력, 즉 EQ가 경쟁력인 시대이다. 창의적 인재의 대명사인 빌 게이츠, 스티브 잡스는 기발한 생각과 집념으로 세계를 선도했다는 사실은 너도 잘 알고 있겠지?

최근 한국도 시대 흐름에 맞춰 창의적 융합인재 양성을 목표로 창의성 교육을 중요시 하고 있다. 이를 위해 학교교육에서도 체험과 탐구에 중점을 두고 과학기술과 예술을 융합한 교육을 하도록 노력 중이란다. 과학과 예술, 이성과 감성, 좌뇌와 우뇌를 조화롭게 개발하고 현장에서 직접 경험하도록 하는 것이 바로 창의성 교육의 핵심이라 생각한다. 그래서 우리 학교도 체육분야에서도 창의성 표현대회를 실시하고, 과학 실험실에 많은 과학기구들을 확충하고 있는 중이다. 새롭게 구입한 현미경을 통하여 실험실에서 '와!'를 연발하는 학생들의 모습에서 미래한국의 장래를 찾을 수 있을 것 같구나.

따라서 감수성을 길러야 할 중요한 시기에 지나치게 학교의 성적에 얽매여 등수경쟁에만 몰두하고 상상하고 도전하는 과정을 잃어버린 교육을 받는다면 네가 꿈꾸는 좋은 디자이너가 되기는 쉽지 않을거라고 믿는다. 그래서 조금은 여유있게 자연을 즐기면서 사람들과 대화하고 생각을 넓혀가는 생활을 할 수 있기를 기대하여 본다. 그 무대는 결코 학교 교실만으로는 부족하다. 산과 강, 그리고 논밭이 아우러진 자연환경이 풍부한 곳이라야 네 상상력의 모태가 될 것이다. 자연은 항상 모든 것의 어머니이기에 때로는 생태공원을 거닐며 자연의 아름다움과 신비를 느끼는 시간이 주어질 때 창의적 생각이 떠오르리라 생각한다. 창의성이란 여유에서 생겨나는 것이지 쫓기는 시간 속에는 나오기 어려운 것이기 때문이다. 그리고 지금 세상에 나온 모든 뛰어난 디자인은 가장 기본적인 자연물에서 가져온 것이 대부분이라는 것을 너도 잘 알고 있을 것이다. 그래서 너의 성격과 수준 정도라면 조금은 넉넉하고 여유있는 환경 속에서 IQ와 EQ를 동시에 증진시킬 수 있는 체험 기회를 많이 갖기를 기대한다. 많이 상상하여 보고 상상한 것을 너의 노트에 그려보면서 축적해 가는 것이다.

앞으로 학생들이 해야 할 공부는 수많은 지식을 마스터하는 것이 아니라 경험하는 기회를 많이 갖도록 지원하는 고등학교가 있어 그런 학교를 지망하면 좋겠다는 생각이 들기도 한다. 선택의 기로에서 고민이 많이 되겠지? 그러나 이러한 진지한 고민이야말로 너를 너되게 만들어 줄 것이라 교장 선생님은 믿는다. 내일도 여유를 갖고 미소 지으며 학교에 다니는 모습을 보고 싶다.

안녕하세요. 교장 선생님. 광양여중을 졸업한 광고 기획자가 꿈인 김윤정입니다.

보내주신 편지 잘 읽었습니다.

우선 저희들이 광양여중을 떠나 여고에 입학한지 어느덧 6개월이 다 되어가는데도 끝까지 관심과 애정을 가져주신 점에 대해 감사하게 생각하고 있습니다.

제가 여중생이었을 때, 선생님께서 자신의 꿈에 대해 생각해 보고 적어오라고 하셨던 게 아직도 사진처럼 선명하네요.

그 때 선생님께서 제가 존경하는 '이제석'님에 대해 질문을 했을 때 막연히 그의 작품을 좋아했던 것이기에 제대로 답변을 하지 못했는데, 그 이후 이제석님에 대해 자세히 알아보게 되었습니다. 놀랐던 것인데, 그는 500달러만 가지고 미국으로 가서 자신의 재량을 발휘해 기발한 광고를 만들어 모든 이의 주목을 받았습니다.

지금은 한국으로 와서 '이제석광고연구소'를 이끌어가고 있으며, 그 회사에서는 공익광고가 대다수를 차지합니다.

이제석 광고연구소의 핵심 가치는 "반짝이는 아이디어로 세상을 밝힙니다."로, 장인정신과 사회공공선을 중요시합니다. 그에 대해 자세히 알아볼수록 더 많은 작품을 접할 수 있었고 엄청난 열정과

패기를 느낄 수 있었습니다.

또한 무작정 좋아만했던 제 자신의 안일함도 반성하게 되었습니다.

교장 선생님의 편지 중에 "관심사를 찾았으면 관련된 정보를 수집해야 한다"고 하셨는데, 저는 지금 이 단계에 있는 것 같습니다. 이제 조금씩 제 꿈과 관련된 정보를 수집하는 중입니다. 그리고 여러가지 아이디어도 노트에 적어놓고 모으는 중입니다. 정보를 많이 수집한 다음엔 선생님의 조언대로 자세한 계획을 짜야겠습니다.

지금으로써 대강 계획은 광고홍보학과로 유명한 중앙대학교 대학 탐방을 갈 것이고, 여고 재학중에 공모전에 나갈 생각입니다. 앞으로 더 자세한 계획이 필요하겠지요. 사실 이렇게 중학교 때 교장 선생님께서 애정어린 편지를 쓰시는 일이 흔치 않은 일인데 저는 좋은 선생님을 만난 것 같아요. 실은 좀 놀랐습니다. 제가 여고에 입학하고 나면 서로가 소홀해질 것이라 생각했기 때문입니다.

그런데 제자와의 끈을 놓지 않으시는 게 교육을 하시는 분으로서 대단하다고 생각합니다. 선생님께서 교육자로서의 길을 걷고 계시듯이 저는 앞으로 광고인이 되기 위한 길을 걷겠습니다. 여러 선생님들과 부모님을 실망시키지 않는 사람이 되겠습니다.

언제나 뒤에서 응원해주셔서 감사합니다. 이렇게 인사를 드리게 되어 죄송합니다.

항상 건강하세요.

윤주야,
꾸준히 노력할 때 세계 최고가 될 수 있다

윤주야! 세상은 정말 넓고 할 일이 많다. 네 꿈이 장차 3개 외국어를 유창하게 하여 해외 친구들을 많이 사귀겠다고 하였지? 그게 바로 글로벌챌린저가 되는 것이지. 역시 해외 친구들과 사귀려면 언어능력이 필수일 거야. 나도 공부를 늦게 시작하였지만 영어와 고교 3년간 독일어, 그리고 서른 두살에 시작한 일본어, 중국어, 스페인어를 공부한 경험이 있어 이렇게 너에게 조언을 할 수 있게 되었구나. 러시아어는 1987년도 그러니까 소련과 외교가 되기 전에 배우려고 테이프을 일본에서 구입한 적이 있단다. 그만큼 외국어에 관심이 많다는 증거가 아니겠니? 무엇보다 왜? 외국어를 해야 하는가에 대한 절실함이 없다면 잘 해내기는 어려운 거란다. 무엇보다도 시간투자가 필요하기 때문이야.

그리고 지금은 언어를 학습할 환경이 많이 좋아졌지. 내가 배울 때에는 거의 환경이라고는 책에 의존하다 나중에 카세트가 나와 반복할 수 있게 되었단다. 또한 공부만 잘하면 얼마든지 자기 돈을 들이지 않고 공부할 수 있도록 대학이나 회사에서 지원을 많이 하기 때문에 더 좋은 기회가 될 수 있어. 내가 아는 구본무 LG 회장은 매년 LG 글로벌챌린저를 400명이나 선발하여 대학생 해외 탐방 원조를 하고 있단다.

그는 올해 대학생 해외 탐방 프로그램 LG 글로벌챌린저 시상식에 참석해 "끊임없는 자기 개발을 통해 생각의 힘을 기르고 새로운 환경에 도전해 견문을 넓히는 일을 게을리해서는 안 된다"고 강조했다. 특히 "꾸준히 노력할 때 세계 최고나 1등 자격이 생긴다"는 말은 진리가 아니겠니?

올해로 18년째를 맞은 LG글로벌챌린저는 대학생 해외 탐방의 원조로 올해까지 590개 팀 2천220여 명의 대원을 배출했다. 이들은 세계 58개국 452개 도시를 탐방했으며 총 탐방 거리는 지구를 297바퀴 돈 1천188만915㎞다. 연평균 경쟁률은 21대 1이다. 올해는 30개 팀 120여 명의 대학(원)생이 선발돼 지난 여름 2주 동안 20개 국가의 정부기관, 연구소, 대학, 기업, 사회 단체를 탐방했다. 최우수상을 받은 6개 팀 24명은 졸업예정자의 경우 LG 입사 자격, 재학생은 인턴사원 자격을 받았다. LG는 2004년부터 수상자에게 입사 자격을 주고 있으며 현재까지 LG계열사에서 70여 명이 근무하고 있다.

지금 경제가 침체되어 청년 실업이 증가하고 있지만, 이렇게 세상은 배우는 자들에게 많은 기회를 주고 있다. 돈이 없어 해외 여행을 못한다고 말하는 시대는 지나갔다. 공부만 잘 하면 언제든지 여행 기회가 주어진다.

그리고 영어, 즉 모든 언어는 공부가 아닌 반복에 의하여 완성되는 것이다. 만일 네 주변에 어린 아이가 있다면 어떻게 언어를 습득하는가 살펴보면 잘 알 수 있을 것이다. '엄마'라는 한 단어를 배우는데도 수백 번의 연습이 필요하거든. 그런데 몇 번 하고서 못한다고 하면 잘 할 수는 없지 않겠니? 포기하기 않고 꾸준히 하는 것 그것이 바로 언어 습득의 비결이다. 너에게도 위와 같은 행운의 기회가 오기를 기도하겠다. 그리고 지켜 보겠다. 모든 것은 네 노력 여하에 달려 있음을 기억하면 좋겠다.

실고에 희망을 건
소영이는 성공할 거야

요즘 젊은 층에 가장 중요한 단어 하나만 꼽으라면 단연 취직일 것이다. 청년실업이니 88세대니 하는 말들이 넘치는 세상에 번듯한 직장에 입사하는 것보다 더 큰 낭보가 있을까? 대부분의 사람들에게 비싼 등록금에도 '대학은 무조건 가야 한다'는 믿음이 생겨난 것도 고졸로는 취업 문턱을 넘기가 거의 불가능해 보였기 때문일 것이다. 그 결과 우리나라는 대학 진학률이 80%를 넘어 세계 최고 수준이다. 그러면서도 대통령 후보들은 반값 등록금을 실현하겠다니 그 돈은 하늘에서 떨어지는 것이 아니라면 문제가 아닐 수 없다.

그래서 학력 인플레만 조장하는 무의미한 수치를 어떻게 낮출 수 있을까에 답하기 위하여 정부가 나섰다. 올해부터 특성화고에 많은 돈을 투자하고 있으며, 정부나 민간기업이 고졸자를 적극적으로 채용하는 정책을 추진하고 있는 현실이다. 실제로 광양시가 광양실고 졸업생을 취업시키는 사례를 만든다면 더 좋은 사례가 될 것이라 나는 믿는다.

며칠 전 중앙일보에 소개된 GS리테일 사례를 보자. GS수퍼와 편의점 GS25를 운영하는 이 회사는 지난해 고졸 사원을 193명이나 채용했다. 4년제 대졸 신입사원보다 32명 많았다. 현재 이 회사 과장 이상 간부 중 12%가 고졸자다. 임원도 이미 탄생했다. GS리테일은 같은 업종 안에서도 유별나게 고졸 출신을 별도로 뽑고 있다. 왜 그럴까? 그들이 퇴사율은 낮은 반면 회사에 대한 충성도와 업무에 대한 열정은 대졸자보다 높기 때문이라고 한다. 한 해 1000만원을 육박하는 등록금을 내고 대학을 졸업해도 입사하기 힘든 대기업 계열사에 고졸이 들어가면 얼마나 열심히 일할지 짐작할 수 있다. 그럼에도 아직 대다수 기업들은 그러지 못한다. 그래도 대학은 나와야 하지 않느냐는 막연한 통념에 사로잡혀 있는 탓이다.

이달 중순엔 고졸 학력의 9급으로 출발해 중앙부처 국장이 된 인물이 화제에 올랐다. 보건복지부 첨단의료 복합단지 조성사업단장을 맡게 된 설정곤(54)씨다. 1976년 강원도 묵호검역소에서 공직생활을 시작한 지 35년 만에 이룬 쾌거이다. 너도 우리 지역에서는 여고를 가야만 한다는 통념이 지배하고 있지만 넌 네 자신의 꿈을 이루기 위하여 실고를 택한 것은 정말 잘한 선택이라 생각한다.

그리고 열심히 일하는 직원이 학력에 의해 불이익을 받지 않도록 하기 위해서는 회사 측이 각별히 신경 써야 한다. 제도는 물론 조직문화에서도 차별의 뿌리를 뽑아버려야 한다. 이 점은 특히 최고경영자(CEO)나 기관장이 끈기를 갖고 매달려야 한다. 문화란 하루 아침에 달라지는 것이 아니기 때문이다. 고졸 출신이 사회에 더 많이 진출하고, 그들의 성공이 더 이상 신화(神話)로 취급받지 않을 때 우리는 비로소 선진사회 시민이 될 것으로 믿는다.

LG전자에서 54년 만에 처음으로 고졸 사장이 탄생했다. LG 세탁기를 세계 1위로 끌어올린 조성진 사장(가전사업본부장)이 그 주인공이다. 용산공고를 졸업한 그는 1976년 사원으로 입사한 뒤 세탁기 모터 개발의 한 우물을 팠다. 그의 손을 거친 다이렉트 드라이브 시스템은 벨트 없이 모터가 직접 세탁조를 돌림으로써 에너지 효율을 크게 높였다. 그가 세계 처음 개발해낸 듀얼 분사 스팀 드럼세탁기도 전력 소모와 세탁 시간을 줄인 히트 제품이다. 이 모두 공장 2층에서 개발팀과 함께 숙식하며 밤을 새워 개발해낸 산물이다.

고졸이라고 공부를 못하고 취업이 안 된다고 생각하는 것은 잘못이다. 지금은 공부할 수 있는 여건이 예전과는 다르다. 마음만 먹으면 얼마든지 성취할 수 있는 세상이 되었다. 문제는 네 의지라 생각한다. 그리고 남이 시켜서, 어쩔 수 없어서 하는 공부가 아닌 네 자신을 살찌우는 공부를 하려면 사람이 여유가 있어야 한다. 숨막히는 경주를 하다보면 골인지점에 가기 전에 쓰러져 버리는 어리석음에 빠질 수도 있다는 것이다. 마라톤과 같은 먼 인생의 경주에 네가 승리하는 날을 보고 싶다.

교장선생님, 안녕하신지요.

저는 2013년 2월 광양여중 졸업을 앞두고 진학에 대한 고민이 많았습니다. 성적은 내신 성적 30%수준으로 일반계와 특성화고 중 한 곳을 선택해야 하는 기로에서 많은 고민과 생각을 해야 했습니다. 결국에는 최종적으로 광양실고를 선택하였습니다.

얼마동안 저는 일반계로 진학하여 대학교를 갈 것도 생각해 보았지만 제 자신이 특정 교과에 대한 학력과 자신감이 다소 떨어져 대학에 진학하여 공부를 하는데 어려움이 있을 것으로 판단하였습니다. 또, 이 과정에서 주변 선배님들과 선생님의 권고와 충고가 광양실고를 선택하는데 결정적인 계기를 마련해 주었습니다. 그 내용은 광양실고 진학을 하여 공부를 하게 되면 내신 관리와 취업 준비를 동시에 할 수 있는 장점이 있다는 것 이었습니다. 공무원반과 대기업 취업을 대비한 특별반을 운영할 뿐만 아니라 FFK(전국 영농학생 전진대회)와 같은 전국 규모의 경진대회 준비 등에 참여할 수 있다는 것 이었습니다. 특히 제 성적 정도라면 취업을 위한 특별반에 들이기 열심히 하게 된다면 공무워이든 대기업 취업이든 원하는 성과를 충분히 얻을 수 있었습니다. 필요하다면 유리한 내신 성적을 통해 대학수학능력시험을 보지 않고서도 취업에 유리한 좋은 대학과 학과에 진학할 수 있기 때문에 후회 없는 선택이 될 것이 분명하다는 것이었습니다. 내심 여러 생각으로 갈등을 겪으면서도 이러한 정보는 내가 가야할 길을 보여주는 것 같았습니다. 광양실고는 후회 없는 선택이 될 것이라는 확신을 갖게 되었습니다.

광양실고에 합격이 된 직후 겨울 방학 때부터 선생님의 권유와 지도로 학교에서 운영하는 공무원반에서 공부를 시작하면서 새로운 꿈과 의욕이 생기게 되었습니다.

입학할 당시에는 수석입학은 하지 못했지만 성적우수 장학금 30만원을 받았습니다. 입학 한 다음에는 계획하고 예상대로 내신 성적을 충분히 관리할 수 있었고, FFK전진(농업분야기능)대회 전라남도 학생대표로 출전하여 첫 해에 은상을 수상하여 30만원의 장학금을 받았습니다. 그 다음 해에는 더욱 노력하여 전라남도대회에서는 최우수상과 전국대회에서는 2위로 금상을 받아 9박 10일간의 유럽연수도 다녀왔습니다. 또 2학년 때에는 2년간 300만원의 장학금을 받는 포스코 샛별장학생으로 선정되었습니다. 그리고 백운장학회에서 특별장학생으로 100만원의 장학금도 받았습니다. 현재까지 워드 1급과 한국사능력시험 1급을 취득하였습니다. 그리고 올해 8월에 있을 공무원 시험을 위해 열심히 공부하고 있습니다. 1년 후 공무원이 되어 근무를 하고 있을 내 자신의 모습, 아니면 대기업에 취업하여 활기차게 생활하고 있을 내 자신의 모습을 그려봅니다. 또, 넓고 밝은 대학 캠퍼스를 거닐면서 새로운 만남으로 새로운 세계를 탐색하고 있을 멋진 대학생인 내 자신의 모습을 동시에 떠올려보기도 합니다.

지금 이 순간에도 저는 광양실고에 대한 저 자신의 선택이 절대

후회가 되지 않을 것이라는 생각과 확신으로 최선을 다해 노력하고 있습니다

새가 날기 위해서는 날개가 튼튼하게 자라야 한다. 네 소망처럼 농어촌공사에 합격함으로 너의 성실성을 충분히 보여주었다. 이런 합격의 배경에는 선생님들의 열성적인 지도도 있었으리가 생각한다.

이 학생이 자신감에 넘쳐 자신의 길을 가듯이 우리 학생 한 사람 한사람이 다가오는 현실 세계를 더 냉철하게 바라보면서 자기 자신이 가야 할 길을 분명하게 붙들고 가기를 교장 선생님은 소망해 본다.

그리고 네 말처럼 평범한 부모님이시지만 “나를 믿어주었기 때문에 자유로운 진로결정을 할 수 있었다.”는 것은 자녀의 진로지도로 고민하시는 많은 부모님들이 배웠으면 하는 내용이다.

주희야,
법학에 문학을 접목한 융합인재를 소개한다

주희야, 이제 방학도 거의 끝나고 새로운 고등학교 입학을 앞두고 지금도 열심히 공부하겠지? 넌 너만의 스스로 생각하고 공부할 수 있는 공간이 있다는 것을 감사하렴. 그리고 너를 지원해 줄 부모님이 계시고, 힘들 때 네 고민을 털어놓을 수 있는 언니, 친구가 있다니 너에겐 참 좋은 환경인 것 같구나. 넌 평소에도 '오랫동안 꿈을 그리면 사람은 마침내 그 꿈을 닮아간다'고 생각하는데 나도 너의 생각에 적극 동의한다.

인생이란 자기가 생각한 꿈의 크기만큼 이룰 수 있다고 믿는다. 특히 네가 이루고자 하는 꿈을 책 써보기, 외교관 되기, 대학에서 강연해 보기 등 여러 가지 꿈을 갖고 있기에 오늘은 네가 롤 모델로 삼아도 좋을 한 인물을 소개하고자 한다.

현재 하버드 로스쿨 교수로 이력은 화려하다 못해 경이롭게 느껴지는 석지영(40) 교수이다. 석 교수는 어릴 때부터 폭넓은 독서, 학부와 대학원에서의 문학공부, 발레와 피아노를 배우며 쌓은 예술적 감각이 어우러져 세계가 주목하는 법조인이 됐다.

그녀는 6세에 가족과 함께 미국 뉴욕으로 이민을 가서 미국 영재학교 헌터스쿨을 나와 미국 예일대에서 학사(영문학, 불문학)를 마치고 영국 옥스퍼드대에서 박사(불문학) 학위를 받았다. 이후 하버드 로스쿨을 졸업한 그는 미국 대법원 법률서기, 뉴욕 맨해튼 검찰청 검사를 거쳐 33세에 하버드 로스쿨 첫 한국인 교수로 임용됐다. 37세엔 아시아 여성 최초의 하버드대 법대 종신 교수가 됐다. 이로써 놀라운 한국인의 저력을 과시한 것이다. 자전적 에세이집 '내가 보고 싶었던 세계'를 출간하였는데 그는 어떤 교육을 받았고, 어떻게 이처럼 놀라운 성취를 했을까 궁금하지 않니?

석 교수는 26세 전에는 법 공부를 한 적이 없단다. 청소년 시절은 독서와 발레, 피아노 공부로 시간을 보냈단다. 그는 미국으로 이민을 온 뒤 매일 방과 후 어머니와 함께 공공도서관에 갔다. 안데르센의 '성냥팔이 소녀'로 시작된 독서는 플라톤과 호메로스로까지 이어졌다. 방학 땐 하루에 20권을 읽었나니 놀랄만하지! 집에선 식사도 거른 채 하루 종일 책만 읽어 어머니와 말다툼을 할 정도였다니 얼마나 그녀가 책과 살았는지 짐작이 가는구나. 헌터스쿨을 다닐 땐 수업을 빠지고 학교 화장실에서 문을 걸어 잠근 채 예이츠, 에밀리 디킨슨 등의 시를 읽기도 했다.

13세부터 3년간은 세계적인 발레학교인 '아메리칸발레학교'에서 발레를 배웠다. 줄리아드 예비학교에서 피아노를 전공하고, "전 사랑하는 '놀이'를 하며 자랐어요. 다양한 모험을 하도록 자유를 허락한 부모님 덕분이었죠. 에세이집 '내가 보고 싶었던 세계'의 영어제목은 'A Light Inside'입니다. 독서와 예술에 푹 빠져있던 학창시절은 제 내면세계를 충만하게 만들어준 시간이었습니다." 라고 이야기 하는데 한마디로 법에 문학을 접목한 '융합인재'라 할 수 있지.

석 교수는 "독서와 다양한 예술적 경험, 그리고 이민을 가면서 생기게 된 다른 언어에 대한 호기심 덕분에 시작한 문학공부가 지금의 나를 있게 했다"고 말한 것을 보면 그녀가 어떤 삶을 살았는가 상상하기 어려울 정도이구나. 80년간 풀리지 않던 천체운동의 원리를 연금술의 개념을 물리학에 접목해 증명한 뉴턴, 인문학적 지식과 정보기술(IT)을 접목해 아이폰을 만든 애플의 고 스티브 잡스처럼 석 교수는 요즈음 이야기 되는 '융합인재'라고 말할 수 있다.

석 교수는 서로 다른 분야를 법에 접목한 창의적 시각으로 자신만의 분야를 개척했다. 2010년 허버트 제이컵 상(미국 법 · 사회협회가 선정한 올해 최고의 법률서적)을 받은 저서 '법의 재발견(At Home In the Law)'이 대표적 예이다. 문학박사 시절 집(고향)의 개념과 의미에 대해 고민하던 그는 로스쿨에 와서 집이 사적인 공간이 아닌 공적인 공간이라는 개념을 형법에 적용한 시각을 제시해 학계의 큰 반향을 일으켰다. 가정폭력 등 집을 둘러싼 문제를 해결하기 위해 국가가 개입해야 한다는 내용이었다.

그녀는 또한 하버드 로스쿨에서는 '예술공연과 법'이라는 새로운 강의를 도입했다. 뉴욕시티발레단 수석무용수와 함께 강의하는 이 수업을 통해 지식재산권과 노동권에 초점을 맞춘 공연법과 관련된 문제 등을 가르친 것이다. 오랜 문학공부는 법조문에 쓰인 단어와 표현을 정확히 독해하는 능력으로 이어졌다. 이렇게 다재다능한 능력을 가진 석 교수에게 많은 사람들이 천재라는 칭호를 주기 쉽지만 석 교수는 자신을 타고난 '천재'로 보는 사람들의 시선에 동의하지 않는다. 그는 "헌신적인 부모님 덕분에 기회가 주어졌고 운이 좋았을 뿐"이라며 "사회적, 학문적 성과로 다른 사람보다 성공했다고 볼 순 없다"고 겸손해 하는 모습이었다.

그녀는 인생에서 화려한 이력보다 더 중요한 것은 삶을 대하는 태도와 열정이라는 것을 강조하고 있다. 그리고 가장 인상적인 한마디는 '즐길 수 있을 때까지 반복하라'는 것이다. "저는 말하기와 글쓰기에 대한 두려움이 있었지만 매일 조금씩 반복하면서 극복해냈어요. 무엇이든 자신을 불편하게 하는 것이 있다면 쉬워질 때까지, 아니 즐길 수 있을 때까지 스스로를 밀어붙이며 하고 또 하기를 반복해야 합니다."로 마지막 메시지를 젊은이들에게 진하였다.

교장 선생님, 저를 위해 항상 관심을 가져 주시고 격려해 주셔서 감사드립니다. 교장 선생님께서 내주신 숙제들을 통해 제 꿈에 대해 한 번 더 생각할 수 있게 된 계기가 되었습니다. 사실 저는 아직 제 꿈에 대해 확실한 답을 가지고 있지 않습니다. 하지만 교장 선생님 말씀을 통해 전 많은 경험 속에서 융합 인재, 창의적인 사람이 되자고 다짐하였습니다.

앞으로 제 꿈을 향해 나아가는데 많은 어려움이 있을 거라 생각합니다. 하지만 저는 꿋꿋이 이겨내며 꿈을 이루기 위해 노력할 것입니다. 그리고 저 만이 아닌 남들에게도 도움이 되는 꿈을 이룰 것입니다.

대단히 감사합니다.

영주야,
첫 눈에 신뢰를 얻으려면

영주야, 일상생활을 하면서 우리는 많은 사람을 만난다. 오늘도 여러 선생님, 친구들을 많이 만나고 있지? 사람은 만남의 과정에서 첫 인상이 매우 중요하다. 너의 첫 인상은 상대방에게 네가 어떤 사람이라는 인상을 심어줄 수 있는 첫 번째 기회인 동시에, 유일한 기회가 될 수 있다. 그러므로 다른 사람이 너를 어떻게 보는가, 다른 사람이 너에게 호감을 느끼는가의 관점에서 생각할 때도 첫 인상은 매우 중요하다고 생각한다.

네가 아직 잘 모르는 사람을 만나 상대방을 진지하다 혹은 흥미롭다, 재미있다고 생각하는가에 따라 그 사람과 다시 대화를 나누고 싶은 마음이 들 수도 있고 그렇지 않을 수도 있을 것이다. 또한 네가 장차 사장이 된다면 고용하고 싶은 마음이 들 수도 있으며, 돈독한 관계를 맺고 싶거나, 결혼을 앞둔 나이가 된다면 데이트를 하고 싶은 마음이 들 수도 있다. 이러한 것들은 결국 첫 인상에서 결정된다는 사실이다.

넌 오늘도 여러 교과 선생님과도 인간관계를 발전시킬 것인지, 또는 어떻게 발전시킬 것인지를 마음대로 조절할 수 있다. 지금까지의 네 스타일을 바꾸면 사람들은 좀 더 적극적으로 너에게 반응할 것이다. 너는 일상적인 만남에서 상당한 기쁨을 누릴 수 있으며, 낯설고 새로운 상황에서도 자신감 넘치게 행동할 수 있다. 심지어 그저 그런 만남이나, 좋지 않은 만남을 서로에게 도움이 되는 만족스러운 만남으로 변화시킬 수도 있다.

겉 모습은 신뢰와 관련이 있다. 사람도 그렇고 제품도 그렇다. 정보가 백지 상태인 상대방에게 정보를 줄 수 있는 유일한 방법은 겉모습이다. 아무리 내용이 좋아도 겉모습이 부실하면 신뢰를 얻기 어렵다. 물건이라면 일단 디자인이 눈에 띄어야 하고, 음식점이면 분위기가 좋아야 하며, 사람은 신뢰를 심어줄 만한 겉모습을 하고 있어야 한다. 사람이 첫눈에 신뢰를 얻으려면 상황에 맞는 옷차림을 해야 한다.

상황이 중요하다. 상황에 따라 기준과 이야깃거리가 달라지기 때문이다. 예를 들면 너는 일상적인 만남에서는 개인적인 관심사를 말할 것이고, 친구들과는 사소한 것을 이야기하면서 학교생활을 하지만 이야기 내용에 앞서 내가 만나는 친구의 외모는 너의 마음의 끌림을 좌우할 것이다. 지금 가만히 눈을 감고 생각해 보렴. 옷도 교복을 단정하게 입지 않고 아무렇게나 입고 온 친구에게 성큼 다가설 자신이 있니? 이처럼 많은 친구들은 너의 모습을 살펴보게 된다는 사실을 기억하기 바란다.

일반적으로 사람들은 말하는 내용보다는 상대방에 대한 관심을 어떻게 드러내는가, 즉 어떤 대화를 어떻게 풀어나가는가, 자신을 어떻게 드러내는가 등 너의 스타일에 따라 너에 대한 첫 인상을 판단한다는 사실을 잊지 말고 학교생활을 하기 바라는 마음에서 이 글을 쓴다. 아직도 많은 사람들이 이같은 내용을 잘 인식하지 못하고 있다. 학교에서 수업시간에 배운 공부도 중요하지만 사소한 것 같지만 더 중요한 것은 평상시에 배운다는 사실을 깨닫는 영주가 되길 바란다.

수연아,
글로벌 기업가로 성장하기를

수연아, 이제 네가 최고의 3학년이 되었구나. "엊그제 입학한 것 같은데 3학년이라니?" 라는 생각도 해 본 적이 있었겠지. 나도 벌써 이 학교에 부임하여 온 지 3년 반이 지났구나. 너도 곧 공부를 마치고 고등학교에 진학하는 시간이 올 것이다. 네가 작년에 미래영재 기업인으로 선정된 것을 축하하면서 앞으로 성공한 기업인이 되길 희망하여 몇 자 적어 보낸다.

지금은 세계화가 진행되면서 글로벌 기업들이 많이 생겨나고 있다. 우리나라의 삼성전자도 글로벌 기업으로 성공한 사례라고 볼 수 있다. 글로벌 거대 기업을 창출한 창업자들은 일터 안에서 어떤 행복관을 가지고 있었을까? 일본의 아식스 창업자인 오니쓰카 기하치로는 사심 없는 경영으로 다른 사람을 행복하게 하면 자신도 행복해진다고 믿었다. 그래서 그의 생각을 기업에 접목시킨 경영을 하였었지.

경제학 · 사회학 · 심리학 등 다양한 분야의 세계적 학자 100명의 행복론을 모은 '세상의 모든 행복'을 펼치면 '행복의 절대적 원천은 타인과의 관계'라는 내용에 가장 많은 공감을 표시한다. 우리는 좋든 싫든 간에 혼자서는 살기 어렵고 직장생활을 하게 되며, 직장 안에서도 동료 · 후배 · 상사라는 인간관계 속에서 살게 된다. 인생 황금기의 가장 많은 시간을 직장에서 보내게 된다. 그래서 직원 개개인의 행복은 조직의 성장과도 연관되어 있다. 글로벌 세계에서 거대 기업을 창출한 창업자들은 일터 안에서 어떤 행복관을 가지고 있는지 그 사례로 아식스 창업자를 소개하고자 한다.

오니쓰카 기하치로 아식스 창업자는 "내 인생의 가치관은 '다른 사람을 행복하게 해주면 나도 행복해진다'는 것이고, 이 가치관을 바탕으로 경영자로서는 '사심 없는 경영'을 항상 염두에 두었다. 그는 창업 10년째인 1959년 자신이 100% 소유하고 있던 회사 주식을 70%까지 직원에게 나눠주었다. 이에 아버지까지 크게 화를 내고 반대했다고 한다. "바보가 아닌 다음에야 어떻게 그런 짓을 한단 말이냐? 두 번이나 큰 병을 앓으며 제 몸을 돌보지 않고 키운 회사인데 주식을 70%나 나눠주면 회사를 빼앗겨버릴 수도 있지 않겠느냐?"라고….

직원들에게 주식을 나눠주게 된 직접적인 동기는 흔들리는 마흔 살의 방황 때문이었다. 당시 가족은 회사 연수원에 딸린 좁은 방 한 칸에서 생활하는데, 동업자들은 고급 주택에 살고 있었다. 어느 날 납품업자의 초대를 받아 난생처음 호화주점에 가게 되었다. '아, 모두 이런 곳에서 인생을 즐기고 있구나.' 밤늦게 집에 들어가니 아내가 잔뜩 화가 나 있었다. "여

보, 당신 지금까지 어디 계셨어요. 직원들은 내일 아침까지 주문받은 상품을 꼭 출고시키겠다고 철야를 하고 있는데…." 그는 차마 주점에 있었다고 말할 수 없었다.

다음 날, 사무실에 나갔더니 물건이 산더미처럼 쌓여 있었다. "사장님, 어젯밤에 철야 작업까지 했는데 아직도 주문량에 못 미칩니다. 오늘 하루 더 철야를 하자고 이야기하는 중입니다." 그 말에 그는 저절로 고개가 숙여졌다. '아, 그렇구나. 내가 병들어 4년이나 몸져누워 있는 동안에도 모두 이렇게 열심히 일해 주었기 때문에 오늘의 번영이 있는 것이구나. 그런데 나는 그동안 무슨 헛생각을 하고 다녔던 것인가.' 오니쓰카는 이후 리더의 가장 큰 사명은 직원들을 행복하게 해주는 것이며, 그때 비로소 자신도 높은 수준의 행복의 경지에 도달할 수 있다는 것을 깨달았다고 한다.

아직 넌 기업을 경영하는 것도 아니지만 이런 훌륭한 분들의 기업가 정신을 본받아 네가 기업의 CEO가 되어 이런 정신을 실천한다면 분명 더 좋은 세상이 될 것으로 믿는다.

어제는 영국에서 온 한 목사님을 만났는데 영국의 부자들은 세금으로 소득의 거의 40%를 세금으로 내기에 오늘의 영국 국민들의 복지가 이루어지고 있다는 이야기를 들었다. 기업을 경영하여 그저 돈 벌어 나만 잘 먹고 잘 살겠다는 생각으로는 큰 기업을 이루기도 어렵고 사회에 공헌도 불가능하리라 믿는다. 넌 장차 훌륭한 기업인이 되어 이와 같은 철학을 네가 만든 기업의 가족들과 함께 만들어 행복한 삶을 살아가길 기대한다.

인경아,
네 꿈의 리스트를 만들어 실천해 보렴

인경아, 너의 한자 기억하는 능력이 보통이 아니구나. 교장 선생님도 깜짝 놀랐다. 넌 몸도 건강하고 부지런하여 네가 진정 하고 싶은 것을 찾아 몰입한다면 상당한 성취를 이룰 수 있을 것이라 기대한다. 네가 언어에 관심이 어느 정도인지 확실히 알기는 어렵지만 한 인간이 습득할 수 있는 외국어의 최대치는 어느 정도일까 생각해 본 적이 있는지?

최근 경향신문에 소개된 번역가 신견식씨(41)는 여러 외국어를 해독할 수 있는 '언어 괴물'이라고 부를 수 있다. 그가 해독할 수 있는 언어는 영어, 프랑스어, 독일어, 이탈리아어, 스페인어, 포르투갈어, 네덜란드어, 스웨덴어, 핀란드어, 덴마크어, 노르웨이어, 그리스어, 일본어, 중국어, 라틴어 등 대강 헤아려도 15개가 넘는다니 상상이 어렵구나.

프랑스에서 불문학을 공부한 조동신 북21 해외문학팀장 이야기에 의하면 실제로는 아마 20개쯤 될 것이라며 더 놀라운 것은 현대 프랑스어나 현대 스페인어뿐만 아니라 중세 프랑스어나 중세 스페인어처럼 해당 언어의 옛 형태까지 해독할 수 있다는 점이라고 말했다.

물론 신씨는 “사전의 도움이 전혀 필요 없는 수준은 당연히 아니다. 사전 없이 사회나 문화, 언어에 대한 글들을 대략 이해하는 정도”라고 말했다. 그러나 고대 아이슬란드의 전설을 바탕으로 한 팀 세버린의 장편 역사소설 '바이킹'(뿔)을 번역한 이원경씨는 역자 후기에서 “(신견식의 도움이 없었다면) 이 책에 등장한 온갖 인명과 지명은 제 영혼을 잃어버렸을 것”이라며 “장소와 시대를 넘어 거의 모든 언어에 통달한 진정한 천재”라고 표현했다. 신씨는 '바이킹'의 감수를 맡았다.

신씨의 공부 시작은 한국외국어대 서반아어과 4학년 때 번역을 시작한 것이다. 그러나 그의 이름이 달린 번역서는 지난해 11월 출간된 스웨덴 추리소설 작가 헨닝 망켈의 '불안한 남자'(곰)가 처음이다. 이전까지는 삼성전자 등 국내 글로벌 기업의 비즈니스 관련 문서를 번역하는 실용 번역을 해왔다. 그를 문학번역가로 끌어낸 건 스칸디나비아 스릴러 열풍이다. 2008년 스웨덴 작가 스티그 라르손의 '밀레니엄'이 출간된 이후 국내 시장에 북유럽 스릴러 출간 붐이 일었고, 원어 번역자를 찾던 출판 편집자들의 시선에 포착됐다. 많은 스웨덴 추리소설이 번역됐지만 독일어판이나 영어판 중역이 아닌 스웨덴어판 번역은 '불안한 남자'가 처음이다. 한국에서 스웨덴어 번역자는 다섯 손가락 안에 꼽힌다. 그는 현재 스웨덴 추리소설 작가 오사 라르손의 작품을 번역하고 있다.

언어에 대한 신씨의 열정은 초등학교 6학년 때 그의 아버지가 은행에서 가져온 포스터에서 시작됐다는 것을 보니 역시 환경이 중요한 것 같구나. 그가 본 포스터에 유럽 국가들의 화폐가 찍혀 있고 여러 나라 언어가 새겨져 있었는데 그걸 들여다보면서 여러 언어의 상이한 형태에 흥미를 느꼈다고 한다. 그는 이미 중 · 고교 시절에 벌써 본격적인 언어 공부를 시작했다. 중학교 때는 무슨 내용인지도 모르면서 제목에 '인도유럽어학'이라는 말이 들어간 학술서적을 구입해 무작정 읽었다. 여러 언어로 된 설명이 나온다는 이유로 전자제품 설명서를 모으기도 했다. 언어 천재의 사전 욕심은 유별났다. 고등학교 때는 여러 출판사에서 나온 사전을 제 돈으로 다 살 수 없었기 때문에 친구들이 갖고 있던 사전들을 출판사별로 하나씩 빌려 볼 정도였다니 열정이 대단하지? 사전마다 표제어들의 정의나 설명이 조금씩 달랐다는 것이다. 사전을 책 읽듯이 보고, 영어 사전에서 흥미로운 단어가 나오면 프랑스어, 독일어, 스페인어 사전을 뒤져서 같은 뜻을 지닌 단어들을 찾아보는 등 호기심이 가득한 것이 특징이다.

대학에서는 공부의 폭이 크게 확장됐다. 한국외국어대에 입학한 덕을 톡톡히 봤다. 여러 언어 관련 학과의 강의를 들으며 언어에 빠져들었다. 어느 학기에는 하루 한 끼만 먹을 정도로 밥 먹는 시간도 아까웠다는 것이다. 앞으로 그의 목표는 세계에 존재하는 수많은 언어들 사이의 관계를 살피는 일이다. 잘 따져보면 모든 언어에는 서로 만나는 지점이 있음을 알게 되었으며, 그 사실이 그에게 커다란 흥미를 불러일으킨 것이란다. 언어에 대한 그의 욕망은 지금도 무한 증식하고 있다. 신씨는 지난해에 아랍어와 폴란드어를 공부했다. 올해는 페르시아어와 루마니아어를 익히고 있다니 끝없는 언어의 세계에서 헤엄을 치고 있는 것 같구나.

우리 인간은 이처럼 정말 자기가 좋아하는 것을 발견하기만 하면 몰입을 할 수 있다는 사실을 깨닫고 이는 마치 언어공부가 종교의 경전을 읽는 것 같은 반복을 실천하고 있다는 느낌이 든다. 너도 무엇인가 네가 좋아하는 것이 무엇인가를 탐색하여 꼭 목표를 이루기 바란다. 그리고 역시 중요한 것은 성취하고자 하는 욕망이 그를 움직였다는 사실을 생각한다면 현재 네가 무엇을 욕망하는가에 따라 너의 삶의 방향이 결정되리라 생각한다. 네 꿈 리스트를 만들어 하나하나 이뤄가는 실천을 소망해 본다.

관일아,
KIST에 근무하는 네가 자랑스럽다

관일아, 아직도 넌 연구실에서 불을 밝히면서 연구를 하고 있겠지? 때로는 네가 살았던 고향과 어린 시절을 회상해 본 적이 있겠지? 우리나라는 한국전쟁 후 국토가 완전히 폐허가 되었다. 내가 어릴 적 고향의 산에는 거의 나무가 없고 민둥산이 전부였단다. 50년 전인 1964년만 하여도 한국의 1인당 GDP는 80달러 수준이 한국의 경제 상황이었다. 그래서 더글라스 맥아더 장군은 한국이 6 · 25 전쟁 후 재건하는 데만 한 세기가 걸릴 것이라고 밀했다. 50년 전 한국은 전쟁의 상처가 채 치유되지도 않은 농업국이었다. 하지만 대한민국은 반세기도 되지 않아 선진국 대열에 들어서고 있다.

반도체와 조선, TFT-LDC와 스마트폰 등 세계에서 1위 사업을 주도하고 있는 한국은 이미 선진 공업국으로서 입지를 굳혔다. 이런 한국의 산업 발전을 이룩하고 미래 성장 동력을 이끌어 왔던 건 단연 과학기술이다. 한국의 산업발전은 한국과학기술연구원(KIST)이 만들어지면서부터 시작됐다고 볼 수 있다. 이를 지켜 본 베트남 정부는 국가산업 발전에서 과학기술의 중요성을 인식하고 있기에 한국의 KIST와 같은 연구기관을 간절히 원했던 것이다.

한국도 베트남의 훌륭한 인력과 과학기술에 대한 잠재력을 미리 알아보고 베트남판 KIST(V-KIST)를 짓기로 했다니 한국은 놀라울 정도로 영향력을 가진 나라가 된 것이지. 지난해 9월 박근혜 대통령과 베트남 정상간 회담 이후 양국은 V-KIST 마스터플랜을 마침내 완성했다는 이야기를 들었다. 원조 수혜국에서 지원국으로 첫발을 떼는 한국의 ODA 사업 1호 V-KIST가 웅장한 비상을 준비하고 있다니 너무 자랑스럽구나!

V-KIST 사업의 큰 그림을 그려 온 문길주 사업단장은 "V-KIST가 능력있는 과학자들이 마음대로 연구할 수 있도록 여건을 만들겠다"고 밝혔다. 문 단장은 베트남 하노이 현지에서 마스터플랜 보고 대회 후 현지 기자들과 만나 "베트남엔 훌륭한 과학자와 기술자들이 많습니다. 그런 분들이 베트남의 과학기술자가 되서 충분한 연구를 할 수 있도록 하는 것이 V-KIST의 가장 중요한 목적"이라고 말했다. 너도 기회가 된다면 그 역할을 감당할 수 있기를 기대하여 본다.

문 단장은 V-KIST가 최고의 연구기관으로 성공하느냐 못하느냐는 베트남 정부의 관심과 지원에 따라 결정된다고 조언했다. 그렇게 되면 V-KIST의 과학기술이 베트남의 경제발전과 성장동력에 크게 이바지 할 것이라고 믿고 있다. 문 단장은 "한국의 과학자들이 열심히 일할 수 있었던 것은 KIST 특별법을 정부가 만들어줬고 충분한 자율성과 연구비를 지원해 줬기 때문"이라며 "베트남은 이미 많은 산업 인프라가 준비돼 있고 20~30년 후 V-KIST는 최고의 연구기관으로 성장할 수 있을 것으로 본다"고 밝혔다.

V-KIST는 아직은 어려움이 많지만 KIST를 모델 삼아 과학기술 강국의 꿈을 키워나가고 있다. 베트남은 현재 산업화 · 현대화가 진행되고 있다. 오는 2020년까지 산업국가 달성을 목표로 국가 산업발전을 꾀하고 있는데 베트남 발전전략 중 1번이 과학 기술 발전이다. 앞으로 10년 후 V-KIST는 아시아 지역에서 최고의 연구기관이 될 것을 목표로, 베트남 발전에 큰 역할을 할 것으로 기대된다.

나도 기회가 된다면 베트남에 가서 한국어를 가르치고 한국과 베트남 간의 문화교류를 할 수 있으면 좋겠다는 생각으로 지금은 베트남에 관한 자료를 모으고 있는 중이다. 너도 이제 경력으로 봐도 과학자로서 가장 활발한 연구 성과를 낼 수 있는 연령이라 생각한다. 그러나 너무 건강을 해치면서 하는 것 보다는 꾸준히 건강관리를 잘 하면서 주어진 연구를 잘 감당할 수 있기를 기대하여 본다.

민지야,
기회의 나라 인도가 보인다

민지야, 이제까지 생활에 익숙한 광양을 떠나 서울에서 대학을 다니면서 친구관계도 그렇고, 생활하는데 다소는 어려움이 많겠지? 이제 더 넓은 세상에 가서 네가 무엇을 할 것인가를 찾는데 노력을 기울여야 할 것으로 보인다. 눈을 더 크게 떠 보면 정말 세계는 넓고 개척해야 할 일들은 많이 있다고 생각한다. 그 가운데 한 나라가 바로 인도라고 생각한다.

최근 비시누 프라카시(57) 주한 인도 대사가 들려준 이야기는 많은 시사점을 주고 있어 너에게 소개하고자 한다.

비시누 대사는 1997년도 아시아 외환위기 당시 한국인들을 본 모습은 큰 충격이었다고 한다. 그 때 한국인들은 부족한 외환 보유고를 채우기 위해 자발적으로 금을 내놓았었고 이 사실이 방송을 타고 세계에 알려졌다. 나도 사실은 일본에서 1998년 2월에 일본 생활을 마치고 5년 만에 귀국하여 그때까지 모아 두었던 금을 모두 내 놓았었지. 아마 금액은 한 돈당 5만원이 조금 넘은 수준의 가격이었을 거야. 그리고 그해엔 봉급도 깎이고 아이들이 서울에서 대학을 다니고 있어 소금은 생활에 어려움을 느낄 정도가 있었단다.

그런데 인도 국민은 매년 금 1000t을 수입할 만큼 금에 대한 애착이 유별나다고 하는구나. 비시누 대사는 당시 인도에서 자기 아내에게 "곤경에 빠진 남편을 위해 금을 내놓을 수 있느냐."고 물어봤는데 아내는 "'남편은 팔아도 금은 못 판다."고 할 정도라는구나. 이 정도 수준이라면 얼마나 금에 집착하고 있는가를 느낄 수 있었다. 그 이후 그는 한국에 관심을 갖기 시작했고, 2012년 1월 한국 근무를 자원했다고 한다. 중국, 일본 등 8개 국가에서 근무했지만, 특정 국가에서 일하고 싶다고 손을 든 건 처음이라고 하였다.

이 대사는 한국의 역사에 특히 관심이 많았다. 그는 "조선시대에 과거 제도를 통해서 선발된 엘리트들이 나라를 이끌었다는 사실이 무척 인상적"이라고 했다. 또한, 인도가 한국에서 가장 배워야 할 점으로 그는 한국인의 교육열을 꼽았다. 그리고 "한국에선 초 · 중 · 고등학교까지 대부분 교육을 받으며, 게다가 74%가 대학에 진학하는 것이다. 그게 한국이 6 · 25전쟁 이후 잿더미에서 고도성장을 일군 비결이라고 생각한다." 라면서 인도와 비교하면서, 인도의 대학 진학률은 15% 정도다. 그는 "인도공과 대학에서도 우수한 엔지니어들을 배출하고 있지만 경제 성장을 위해선 더 많은 고급 인력이 필요하다"고 말했다.

우리는 인도를 떠올려 보면 힌두교와 관광, 카레 같은 음식문화를 생각한다. 하지만 프라카시 대사는 "인도와 한국은 경제적으로도 무척 밀접한 관계"라고 말하는구나. 매달 삼성전자가 인도에서 판매하는 휴대전화가 300만대에 이르고, 현대자동차는 매달 65만대를 인도 남부 첸나이 인근 공장에서 생산한다니 인도에 한국 기업의 활동상을 조금은 알 것 같구나.

포스코는 인도 오디샤주에 제철소 설립을 추진 중이다. 세계에 진출한 한국 IT 기업에서 일하는 인도인도 수천 명에 이른다. 한국에선 대부분의 사람들 인식이 중국 시장만 크다고 생각하는데 인구 12억4천만명, 면적은 한반도의 15배이고, 1인당 국민 소득은 4200달러로 인도 시장은 성장 가능성이 매우 커 엄청난 기회가 될 것이라고 믿는다.

혜진아,
꿈을 이루기 위하여 공부하기 바란다

혜진아, 요즘 학교에 다니는 것이 재미있는지 궁금하구나. 넌 몸도 건강하게 보이는데 아침 밥은 잘 먹고 다니는지? 내가 가르친 한 학생은 교장 선생님과의 공부시간을 통하여 어느 방향으로 갈까 선택의 기로에서 방향 제시를 받을 수 있어 매우 만족한다는 사실을 알고 나도 기분이 좋았다.

이제 네가 중학교를 졸업하기 까지는 얼마 남지 않았는데 "배운다는 것이 얼마나 소중한가?"라는 의미를 발견하기 바란다. 대부분의 학생들은 아직도 "왜 공부를 해야 하나?" 열심히 공부해야 좋은 대학에 갈 수 있으니까." 라는 수준에서 머뭇거리고 있는 게 사실일 것이다.

이는 공부를 하는 당사자 뿐 아니라, 공부를 시키는 부모나 교사 모두 가장 보편적으로 생각하는 이유가 되고 있다. 그래서 많은 학생들은 대학만 들어가면 지긋지긋한 공부와 멀어지기도 하지.

실제로 세계적으로 유명한 하버드 대학을 나와서도 노숙자로 평생을 전전하는 사람이 있으며, 대학 문턱에도 가지 못한 사람이 성공한 사례도 얼마든지 많다. 우리가 공부하는 이유는 대학입시 때문이 아니라 자신의 꿈을 펼칠 수 있는 기반을 쌓기 위해서다. 기반이 튼튼하지 못한 것은 마치 오래 위에 성을 쌓는 것과 같기 때문이다. 이렇게 생각한다면 배움에서 즐거움을 느낄 수 있게 되고 공부하는 시간이 덜 지루하게 느껴질 것이다.

그리고 너의 꿈이 무엇인지 잘 알지 못하지만 앞으로 진로가 어떻게 결정될지를 확실히 모르기에 다양한 분야의 공부가 필요한 것이 아닐는지? 더욱 어떤 직업과 관계 깊은 전공과목을 공부하기 위한 것이 아니기에 시험을 위해서 하는 공부라는 기분이 드는 것은 너무나 당연할 것이라 생각된다. 그러나 그런 과정을 거치지 않으면 고등학교라는 사다리에 오를 수 없도록 세상 사다리가 만들어져 있다. 그리고 그 내용은 당시의 가장 권위 있다는 사람들이 만들어 놓은 무시하기 어려운 것(교육과정)이기에 통과의례로써 작용하는 것이지.

이제 우리 학생들이 부모님 때문에, 성적 때문에, 시험 때문에 공부하는 것이 아니며, 우리가 보다 경쟁력을 기르기 위하여 시험을 선택했을 뿐이라 생각한다면 이번 시험을 앞두고 한결 마음이 가벼워지지 않을는지! 꿈을 이루기 위하여 공부를 스스로 선택한 것이 아니라 입시제도 때문이라고 생각한다면 그것은 스스로 입시제도의 노예가 되었음을 인정하는 꼴이 되는 것이다.

너무 서두른다고 되는 것도 아니고 차근차근 기초 실력을 쌓아 네가 진학하고 싶은 학교에 갈 수 있기 바란다. 그래서 너에게 이 편지를 보내니 잘 읽어 보길 바란다.

원경아,
너도 장래 어른이 된다면

원경아, 네가 지난해 성균관대학에서 드림 클래스 수업을 받고 온 경험이 있지? 아마 네 중학교 생활 중 가장 기억에 남아 있는 캠프가 아니었는지 궁금하구나. 이와 같이 삼성그룹은 사회 양극화의 근본적인 해결책을 소득 재분배가 아닌 교육 양극화 해소에서 찾고 있다. 따라서 생활이 어려운 사람들에게 돈을 주는 지원을 하는 것이 아니라 자녀 교육 지원에 무게를 싣고 있다. 이는 여타 기업처럼 우수한 학생을 선발해 장학금을 주는 단순한 형태가 아니다. 삼성 임식원들이 직접 현장에 나가 학생들과 몸으로 부딪히며 교감하고 가르치는 방식을 택해 눈에 띄는 성과를 거두고 있다.

삼성그룹 사회봉사단 관계자는 "교육 양극화 해소가 사회 양극화 해소를 위한 첫걸음"이라며 "저소득 가정 학생들도 좋은 학교에 진학하고 좋은 직장을 가질 수 있도록 도와야 한다"고 말했다. 대표적인 프로그램이 희망의 사다리다. 희망의 사다리는 영유아에서 대학생에 이르기까지 생애주기별 특성에 맞는 교육 지원 사업을 하고 있지만 가장 중점적으로 진행하는 것은 초등학생 공부방이다. 임직원 자원봉사와 사단법인 희망네트워크가 삼성의 초등학생 공부방 지원의 양대 축이다.

학교 수업이 끝나고 갈 곳이 없는 초등학생을 돌보기 위해 삼성은 공부방과 결연을 하고 임직원의 특기와 업무 역량을 활용한 봉사활동을 펼치고 있다. 공부방으로 불리는 지역아동센터는 이용자 대부분이 저소득 가정 초등학생인데 학습지원, 생활지도, 다양한 체험활동이 절실한 상황이다.

2013년 기준 임직원 1만1230명이 전국 359개 공부방을 매주 정기적으로 방문해 자신의 특기와 전문지식을 활용해 영어·수학·과학 등을 학습지도하고 체육활동, 공연 관람 등 문화체험 활동을 실시했다. 효과적인 공부방 봉사활동을 위해 공부방 자원봉사 표준 모델을 만들어 삼성이 설립한 사회적 기업인 희망네트워크를 통해 공부방 자원봉사자 가이드북을 제작해 배포하고 있다. 삼성은 임직원들이 활동하는 공부방 400여 곳에 TV, 컴퓨터 등 학습기자재를 지원했다.

계열사별로 공부방 특별활동도 진행했다. 삼성SDI는 공부방 시설 보수, 학습 지도, 체육활동, 영화·공연 관람, 놀이동산 나들이뿐 아니라 공부방 아동들에게 자매부대(26사단) 병영 체험 캠프 기회를 제공했다. 삼성중공업 보배봉사단은 외국인 직원과 함께 매주 2회 장평지역아동센터를 방문해 영어학습 지도와 임직원 재능을 활용한 미술·음악교육 등 다양한 활동을 전개했다.

삼성석유화학 울산사업장은 깜짝 생일파티, 송년회 등을 함께 하며 긴밀한 정서 교류를 했다. 삼성생명 충청지역사업부는 대전시 서구 도마동 소재 사랑의 터를 시작으로 지역아동센터 아이들이 쾌적한 환경에서 밝고 건강하게 생활하도록 책상, 의자, 책장, 블라인드, 칠판 등을 교체하는 사람사랑 공부방 활동을 실시했다. 삼성에버랜드는 공부방 아동들이 건강하게 성장하도록 돕기 위해 수도권 지역 공부방 10곳 360명에게 급식재료비 후원, 문화체험, 크리스마스 선물을 지원해 신체적·심리적 성장에 도움을 주었다. 호텔신라 신당 꿈 봉사팀은 신당 꿈 지역아동센터 아동들에게 역사의식을 심어주기 위해 경복궁, 종묘 등을 견학하는 역사체험과 창극, 영화, 콘서트 관람 등 문화체험 활동을 실시했다.

임직원 자원봉사와 함께 또다른 축을 구성하고 있는 희망네트워크는 취약 계층 아동들이 당당한 사회구성원으로서 자기 역할을 담당할 수 있도록 전문화된 교육서비스를 제공하는 사업이다. 2011년 2월 24일 개소한 사단법인 희망네트워크는 삼성이 설립한 첫 사회적 기업으로 2011년 서울에, 2012년 광주광역시에 설립됐다. 지역 공부방 60개소를 거점으로 1800여 명의 취약계층 아동을 지원하기 위해 교사, 직원 등 152명을 고용해 현장에 파견 운영 중이다.

전문 강사는 사회복지·상담·문화예술 등 관련 분야 전직 교사와 교사

자격증이 있는 유휴 인력, 심리상담 전문가 등으로 저소득층 여성인력, 경력 단절 인력 등을 활용해 사회적 일자리 창출에도 이바지하고 있다. 초등학생 외에 영유아 대상으로 전국 31개 도시에서 총 64개 어린이집을 운영 중이며, 네가 참가하였듯이 중학생을 대상으로는 방과 후 학습기회를 제공하는 드림클래스를 운영하고 있다.

너도 장래 어른이 된다면 이런 기업에 들어가거나 아니면 좋은 기업을 만들어 돈이 없어 배움에 접근하지 못하는 학생들에 도움을 줄 수 있다면 그 이상 좋은 일이 어디 있겠느냐. 지금도 결코 늦지 않았으니 네가 깊이 생각하여 보고 네 갈 길을 정하여 보기 바란다.

수현아,
의사가 해야 할 일이 많구나

수현아, 네 꿈이 존경받는 의사가 되는 것이라니 대단하구나! 초등학교 시절에 박경철 의사의 '아름다운 동행'을 읽고서 감동을 해 지금도 그 끈을 놓고 있지 않은 것도 네가 몰입하는 습관이 있다는 것을 볼 수 있구나. 이제 한국도 여성 대통령이 등장할 정도로 시대가 많이 변했다. 그러나 아직도 한국에서는 여성들에 대한 보이지 않는 장벽이 많다고 생각한다. 1950~1960년대는 더욱 그랬단다.

네 꿈이 의사라고 이야기하니 오래전 의대를 졸업하고 의료 활동을 시작한 한 의대 총장님을 소개하고자 한다. 바로 이분이 이길여 가천대 총장님이시다. 당시 우리나라에는 여의사가 매우 드물었고, 이 때문에 사회적 인식도 지금 같지 않았다는 것은 너도 짐작하겠지. 심지어 환자들조차 여의사를 불신하는 경향이 있었을 거야. 그래서 여의사들은 남자 의사들보다 더 열심히 일하고 연구해야 했다.

이분은 젊었을 때 4시간 이상 자본 적이 없었다니 얼마나 고생이 많았을까 짐작이 간다. 오늘의 총장이 된 요인인 열정과 부지런함은 이때부터 몸에 밴 것이라 한다. 이분의 평생 신조는 '박애, 봉사, 애국'이라고 한다. 한마디로 말하면 '이웃 사랑'의 실천이라면서, 이런 좌우명을 갖게 된 데는 사연이 있다.

6 · 25 전쟁이 일어나고 그때 고등학생이었는데, 당시 같이 공부하던 많은 남학생이 전쟁에 나가 살아 돌아오지 못했다. 이들에 대한 미안함이 커 친구들의 몫까지 열심히 해야겠다고 결심했고, 의사가 된 후 의료봉사의 길로 나서게 됐다는구나.

이분이 1958년 인천에 병원을 세운 후, 서해 섬들을 순회하며 무료 진료 활동을 벌이고, 가난한 환자들을 위해 '보증금 없는 병원'을 운영하고, 휴전선 근처의 백령도와 철원 등 의료 낙후지역에 병원을 세운 것은 이런 이유 때문이었다. 국내뿐만 아니라 1992년 베트남 환자 도티늉을 초청한 것을 시작으로 총 16개 개발도상국 외국인 환자들에게 무료 수술을 해주었다.

요즘 빈부격차가 확대되고 사회 양극화가 깊어지면서, 가난과 질병으로 고통받는 사람들이 늘어나는 것은 참 안타까운 일이다. 그리고 지금 국제적으로 에볼라 환자 문제가 발생하였는데 세계보건기구는 의료 비상사태를 발령해야 잘 정도라니 아직도 잘 모르는 병이 있고 이런 병에 대한 치료법이 없다니 안타깝구나.

이분의 주장은 의사가 한 식구라는 공동체 의식이 필요한 시점으로, 의사들은 히포크라테스 선서처럼 '봉사와 사랑'을 실천하는 직업인이라는 점에서 사회적 모범을 보여야 한다고 강조한다. 앞으로 여의사들이 '노블레스 오블리주(사회 지도층 인사에게 요구되는 높은 수준의 도덕적 의무)'의 실천으로 상생의 문화를 앞장서 만들어 나가기를 기대한다는구나.

날이 갈수록 수명 100세의 인구 고령화 시대를 맞아, 인간의 생명을 다루는 의료인의 역할이 매우 중요해지고 있다. 아울러 질병을 치료하고 건강을 관리하는 보건의료 산업이 새로운 성장산업으로 주목을 받게 될 것이다. 대한민국 의료인들이 세계를 누비는 시대가 머지않아 도래할 것이니 너도 이런 일에 꼭 앞장서기 기대한다.

여의사들은 할 일이 많다. 진료와 연구, 교육에 더욱 매진해 한국의 의료 수준을 한 단계 더 끌어올려야 할 것이다. 네 말처럼 의사가 되기에는 아직 부족하다고 느낀 것이 많겠지만, 이는 너의 중요한 발견이라 생각한다. 쉬운 일이 결코 아니지만 네가 의사가 된다면 질병으로 고통받는 환자들을 치유하고, 인류에게 희망을 심어 줄 멋진 의사의 삶을 살기를 기대한다.

소희야,
자신감이 중요하다

소희야, 이번 10월 24일부터 3일간 경기도 연천에서 열린 2014 전국스포츠클럽 연식야구대회에서 우리 학교 팀이 준우승을 한 것을 우리학교 모든 선생님들과 함께 진심으로 축하한다. 창단하여 3개월 된 팀이 전남도 대표로 전국대회에 나가 준우승이라는 영광을 얻은 것은 그렇게 쉬운 일이 아니기 때문이다. 어른도 상을 받으면 좋아하는데 너희들은 얼마나 기쁘겠니?

교장 선생님도 이번 너희들 시합을 격려하러 가서 처음으로 연식야구가 무엇인가를 알게 되었단다. 그 정도로 아직 많은 사람들에게는 연식야구는 알려지지 않은 종목이라 생각한다. 이같은 종목에 우리학교 학생들이 참여할 기회를 갖게 된 것은 김효신 선생님의 어느 누구보다 앞선 정보 제공이 있었고, 너희들에게 스포츠를 통하여 새로운 경험을 만들어 주겠다는 선생님의 열정 덕분이라 생각한다. 또 이런 제안을 받아준 너희들이 있었기 때문에 가능한 일이었다.

역시 우리는 항상 자기가 모든 것을 잘 알고 있다고 생각한다. 하지만 인간은 누구나 '자기만의 동굴' 속에서 살고 있다. 이 이론은 오래전 철학자 플라톤이 설명한 것이다. 그는 참된 실재 세계와 현상 세계를 동굴 밖의 세계와 동굴 안의 세계로 비유하여 설명한다. 또한, 소크라테스는 동굴 안 세계로부터 동굴 밖 세계로 나가는 길이 결코 순탄하지 않을 것이라 말했다. 우리는 두려움 때문에 새로운 세상 밖으로 나아가길 주저한다. 마치 낯선 곳으로 여행을 떠나는 것처럼... 그래서 우리에게는 새로운 세상으로 안내하는 안내자가 필요하다. 또 안내자가 없으면 좋은 여행 안내서를 찾아서 숙지해야 한다.

이처럼 동굴 밖 여행을 할 때 누군가가 필요하다. 그는 우리를 억지로 험하고 가파른 오르막길로 끌고 올라간다. 그 누군가는 이 동굴 밖 세상을 알게 하는 사람은 먼저 태어난 부모님이거나 소크라테스 같은 선생님이라 생각한다. 그러나 소크라테스는 교육이란 누군가에게 지식을 주입시키는 것이 아니라 스스로 태양에 익숙해지듯이 자신의 내면에서 우러나오는 참된 소리에 귀 기울이면서 자신의 삶 전체가 참된 진리로 향하게 도와주는 것이라고 말한다.

자의든 타의든 이번 대회에 참가한 너는 예전에 경험하지 못한 연식야구에 대한 새로운 지식을 얻고 새로운 세계를 알게 되었다.

소희는 다른 경기를 보면서 자신의 부족함을 느꼈으며 연습을 많이 하지 않았기에 2등에 만족해야했다고 하였지? 또 농구도 할 수 있을 것 같다는 가능성을 발견한 것이 놀랍구다. 무엇보다도 네가 이번 대회에 느낀 점은 연습을 하면 더 잘 할 수 있다는 자신감을 엿볼 수 있구나! 네 말처럼 연습이 중요한 것이다. 공부도 마찬가지가 아니겠니?

우리 학교 선수들이 3개월이라는 짧은 기간에 많은 것을 배웠다고 생각한다. 무엇보다도 몸으로.. 이것이 진정한 체험교육이다. 앞으로 더 넓은 세계가 있다는 것을 알기 위해서는 플라톤이 원저자 이고 이한규가 쓴 '청소년을 위한 스크라테스와의 대화' 국가편(152-171)을 꼭 읽어 볼 것을 권한다. 중학교 때 이같은 책을 읽어 이해가 된다면 예전과는 아주 다른 세계를 발견할 수 있다고 믿기 때문이다. 이같은 모험이 바로 너의 삶을 풍부하게 하며 너의 미래를 이끌어 갈 것이다. 그래서 운동도 잘 하고 공부도 잘 한 너희들이 장래에 리더가 되어 이 나라를 더 살기 좋은 나라로 만들기를 기대하여 본다.

원실아,
넌 충분히 잘 할 수 있다

원실아, 넌 배움이 참 빠른 것 같구나! 조그만 실수로 너와 내가 만나는 계기가 되었지. 처음엔 너도 지도를 받으면서 짜증이 났다고 하였는데 그것은 인간으로 당연한 감정이란다. 누구에게나 본성적으로 자신의 잘못을 인정하기가 쉽지 않기 때문이란다. 그러나 내가 너에게 준 글을 쓰고 외우면서 큰 깨달음의 경지에 이른 것 같아 나도 마음이 흐뭇하단다. 너처럼 교장 선생님의 가르치고자 하는 본뜻을 빨리 깨달은 사람은 그렇게 많지 않기 때문이다. 암기하면서 "무작정 외우라고 준 게 아니라 그 과정을 통하여 생각을 하라고 주신 것이구나!"라는 단계를 거쳐 이제 너의 집에서도 그것을 실천한다면 네 어머니도 좋아할 것 같구나.

또, 넌 일찍 네가 진학할 학교를 결정한 것 같아 참 다행이다. 상당수의 3학년들은 아무 생각도 없이 공부가 2학기 원서를 쓸 무렵이 되어서 공부가 좀 된다고 생각하면 일반계고에, 그리고 안 된다고 생각하면 실업계 쪽을 택하는 것이 일반적인 진학습관이다. 지금은 그야말로 취업전쟁의 시대이다. 이같은 어려움을 이겨내기 위해서는 세상의 흐름을 알고 새로운 관점으로 대응할 필요가 있다. 그리고 내 일생을 좌우할지도 모를 일기를 쓴 한 학생을 소개하니 참고하기 바란다. 중학생 때에 이것을 실천하면 네가 살아가는데 크게 도움이 될 것이다.

이 학생은 초등학교 1학년 때부터 고교 3학년까지 12년간 일기를 썼다. 그리고 반듯하게 자라 명문대에 진학했고, 지난 1월 현대그룹에 입사했다. 주인공 김민경(24 · 여)씨는 사람들이 스마트폰이랑 잠시만 떨어져도 불안해하듯, 나에게는 일기가 딱 그런 대상이었다. 하루라도 빠뜨리면 불안하고 허전한 느낌이었다고 한다. 김씨는 초등학교 4학년 때인 2001년, 4년동안 하루도 빠짐없이 쓴 일기를 인간성회복운동추진협의회(인추협)의 '사랑의 일기' 공모전에 출품해 구청장상을 받았다. 2009년 보건복지가족부장관상까지 포함해 '사랑의 일기 큰잔치'에서 7차례나 수상했다. 혹시라도 훼손될까 봐 꼼꼼하게 철을 해 놓은 초등학교 시절 일기에는 주로 박물관 등에서 현장 체험을 하고 찍은 사진이 눈에 띄었다. 김씨는 "어머니가 학원 백날 다니는 것보다는 현장 체험학습이 낫다고 하셔서 많이 다니게 했다"고 설명했다.

고교 시절엔 주로 독서일기를 썼다. 매일 쓰진 못했지만, 평소 좋아하는 시집, 소설, 역사 등 인문서적을 읽고 내용을 정리했다. 김씨는 "친구들이 책 한 권 제대로 못 읽는 시기에 어림잡아 100권은 읽은 것 같다"며 웃었다. 입시 준비로 바쁜 가운데 기왕 읽는 책을 공부에 도움이 되는 쪽으로 골라 읽고 독서일기를 썼다는 것이다. 김씨는 "읽은 내용을 체계적으로 정리하고, 한 번 써 보니 그냥 읽고 마는 것보다 훨씬 오래 기억에 남았다"고 말했다.

또한 "사춘기 시절 감정이 복받칠 때, 고민이 있을 때는 혼자만 보는 일기장에 속 시원히 털어 놓은 덕에 나쁜 길에 빠지지 않은 것 같다"며 웃었다. 일기를 꾸준히 쓰는 습관 덕에 '질풍노도의 시기'에도 비뚤어지는 일 없이 보냈다. 김씨는 대학 시절에 잠시 뜸했던 일기와 최근 만나게 되었다. 지난 1월 사회에 발을 내디딘 첫날부터 다시 일기를 쓰고 있는 김씨는 "많은 사람들이 자신이 걸어 온 길을 소중히 여기고, 기록하길 권한다"고 말했다.김씨가 인추협에 기증한 일기는 공책으로 수백 권에 달한다. 일기 원본은 1일 인추협이 종로구 인추협 회의실에서 개최한 '사랑의 일기 범국민 운동 선언식' 행사장에 전시됐다. 이날부터 인추협은 전국의 어린이 100만 명이 일기를 쓰도록 하는 것을 목표로 범국민 운동을 시작했다. 출범식에서는 인추협 이사상인 권성 전 헌법재판관과 전현직 교장 등 15명이 자신의 모교에 일기장을 기증하기로 했다. 이런 한 젊은이의 성실한 모습을 보면서 나도 우리 학교 학생들이 자신의 일기를 통하여 멋있는 성인으로 성장하는 모습을 소망하여 본다.

성현아,
사무행정과 입학을 진심으로 축하한다

성현아, 그간 학교 잘 다니고 있는지? 넌 참 선택을 잘 하였다고 생각한다. 늦게나마 너의 효산고 입학을 진심으로 축하한다. 그리고, 네 전공이 사무행정과이니 네가 학교에 입학할 때의 초심을 잃지 않고 노력한다면 공무원 합격과 같은 꿈은 분명히 이루어질 것이다.

최근에는 한국 사회의 직업 전선에 큰 변화가 일고 있다. 그 이유는 무엇일까 생각하여 본 적이 있는지? 얼마 전에 오래 일한 직장을 떠나 9급 공무원으로 새출발하는 40~50대가 늘고 있다는 기사를 보았다. 일단 공무원 시험 응시자가 많이 늘었다.

정부 중앙부처에서 일하는 국가직 공무원 응시자 중 40세 이상은 2010년 2924명에서 지난해 8638명으로 3배가 됐고, 40세 이상 합격자는 같은 기간 21명에서 132명으로 6배 이상 됐다. 좀 더 오래 일하고 미뤄진 퇴직 때까지 퇴직 이후를 설계하며 가족들과 보다 많은 시간을 보내려는 선택이라고 하는구나. 2009년 공무원 시험 응시에 나이 상한이 없어진 뒤 9급 뿐 아니라 5급, 7급도 도전 가능하게 됐지만 직장생활을 하면서 시험 준비를 하기에 5, 7급은 합격하기 힘들어서 9급 시험을 선택한 것이라 생각된다.

서울 노량진의 공무원 수험 학원가에도 40~50대 발길이 이어지고 있는 모습이다. 오후 8시가 경이 되면 서류 가방을 든 40대들이 학원으로 향하는 모습을 볼 수 있다. N학원의 한 상담원은 나 혼자만 하루에 9급 공무원이 되겠다는 40대 두세 명을 상담할 정도라고 한다. 서울대를 졸업하고 금융회사 애널리스트로 일하던 k(48)씨는 지난해 10월 9급 공무원이 됐다. 현재 D시 서구청 청소과에서 쓰레기 민원을 담당한다. k씨는 발령 직후 쓰레기 무단투기 감시용 CCTV 11개의 위치를 조정해 쓰레기 발생량을 20% 줄이는 성과를 냈다. 그의 상사 청소과 계장은 "하여튼 똑똑한 사람"이라며 "뭐가 달라도 다르다"고 평가를 했다.

9급 공무원으로의 전직이 40~50대만의 전유물은 아니다. 번듯한 직장에 다니던 20~30대 중에도 9급 공무원으로 전직하는 경우가 드물지 않다. 이들도 더 안정적인 직장과 여유를 찾아 이직했다고 한다. 부산시 상수도사업본부 화명정수장에서 일하는 J(26 · 여)씨가 그렇다. 2011년 12월 LG전자 세탁기연구소 연구원으로 입사했다가 약 3년 만인 지난해 10월 공무원으로 길을 바꿨다. J씨는 "실적 스트레스에 시달리다 결국 회사를 떠나는 상사들을 보며 직업을 바꾸기로 결심했다"고 털어놨다.이처럼 세상은 안정적인 직장을 찾아 과거의 화려한 스펙도 버리고 전직을 하는 것을 보게 된다. 너의 경우는 일찍부터 사무행정을 선택하였으니 학교에서 지도하는 내용을 잘 습득한다면 분명히 좋은 길이 열릴 것이라 믿는다.

3년 후에는 어엿한 직장인으로 성장하기를 기대하고, 네가 진정으로 배우는 업무에 대한 깊이를 더하고자 한다면 평생 공부할 수 있는 길은 얼마든지 있다. 서두르지 말고 충분히 여유를 갖고 탐색하여 네가 원하는 길을 찾아가기 바란다. 또, 외국어 공부도 열심히 하여 실력을 쌓으면 더 넓은 세상이 너에게 열릴 것이다. 건강에 유의하면서 시간 활용을 잘 하고, 목표관리를 성공적으로 하여 후배들에게 좋은 모델이 될 수 있도록 네 길을 잘 가기 바란다.

민주야,
공부는 읽어야 잘 한다

민주야, 넌 공부에 관심이 많고 차분하게 정리를 잘 하는 것 같구나. 순천에 와서 이 지역 CEO들에게 강의를 한 적이 있는 우리나라에서 유명한 고전평론가 고미숙씨를 소개한다.

그녀는 "읽어야 잘 산다"는 말을 입에 달고 다닌다. 그것도 소리 내어 읽어야 한다고 주장한다. 이쯤 되면 '낭송주의자'라고 할 만하다. 그는 2007년 발간한 '공부의 달인 호모 쿵푸스'와 지난해 펴낸 '낭송의 달인 호모 큐라스'에서 몸으로 터득하는 지식의 효과를 역설하여 왔다. 최근엔 고전 낭송 시리즈를 완간했단다."소리를 내지 않고 글을 읽으면 머리로만 추상적으로 성찰하게 되는데 그러면 신체가 소외됩니다." 고씨는 한 신문과의 인터뷰에서 "소리의 파동을 통해 천지에 가득한 진리와 지혜가 몸에 들어와 신체의 일부가 되게 하는 낭송은 우리를 좋은 삶으로 이끈다"며 이같이 말했다.

그는 지난해 11월 판소리와 '논어' '맹자' 등 동양 고전을 낭송하기 쉽게 풀어 쓴 '낭송Q'의 첫번째 시리즈로 '동청룡편'을 출간했다. 이어 '남주작편' '서백호편' 그리고 최근 '북현무편'까지 모두 4편(28권)을 선보였다. 각각 봄, 여름, 가을, 겨울을 의미한다. 1년 내내 낭송하길 바란다는 취지에서 기획한 것이다.

고씨는 "구어체인 동양 고전의 지혜를 소리로 들으면 몸이 즐거워한다"며 "말이 파동이요, 기운이라는 것을 독자들이 실감했으면 한다"고 말했다. 고씨는 우리 사회를 "말이 없어진 심각한 사회"라고 진단했다. 발전하는 사회 관계망 서비스(SNS)로 끊임없이 대화하지만 '소리 없는 대화'이다보니 "목소리를 잃어버린다"고 그는 강조하고 있다. 고씨는 "감정을 벗어나 말로 소통해야 한다"며 "말하는 능력과 청력은 같은 것이고, 듣는 만큼 말하게 돼 있다"고 했다. 그러면서 말이 사라진 대학 사회를 도마에 올렸다.

"요즘 대학생들은 말을 못하고 또 하지 않으려 합니다. 그러면 소통할 수 없지요. 머릿속으로만 그려지는 과잉된 이미지는 세상에 대한 편견을 낳습니다. 사이버 공간에 있다가 나와버리는 것과 마찬가지이죠. 목소리를 내 세상과 부딪쳐야 합니다."고씨는 자신이 속한 공부 공동체 '감이당'과 '남산강학원'에서 낭송 오디션과 페스티벌을 열면서 낭송의 힘을 체험했다. 지난 해 송년회 자리를 겸한 낭송 페스티벌에서 세 살배기 남자아이가 '논어'를 암송해 뜨거운 박수를 받았다.

이제 너도 오늘 배운 내용을 소리 내어서 낭독하여 보렴! 그리고 기억나는 것을 한번 써내려가는 것도 좋을 것 같아서 소개한다. 그리고 그 결과가 좋다고 생각한다면 다른 친구에게도 소개하여 주기 부탁한다. 혼자만 알기보다 남에게 잘 알려주는 것이 더 행복한 공부가 될 것이라 교장 선생님은 믿는다.

유빈아,
미래가 아닌 현재를 디자인 하기를

유빈아, 5월은 감사의 계절이다. 학교 정원에는 녹음이 짙어가고 푸른 하늘이 더욱 향기롭게 느껴지는구나! 이제 중간고사도 끝났지만 공부라는 무거운 짐에서 완전히 자유롭지는 못하는 것이 학생들 모습이구나. 너희들이 남겨 놓은 이야기를 자세히 들여다보면 청소년기엔 하고 싶은 게 참 많은 것 같다. 하지만 이를 이루는 방법을 어느 누구도 자세히 안내하기는 그렇게 쉬운 일이 아닌 것 같다. 그렇다면 이제 자기 자신이 찾아가야 하는 것이 인생의 과제라 생각한다.

그러나 일정한 시간이 흘러 10년 후 알고 보니 '지금 알고 있는 걸 그때도 알았더라면' 하는 아쉬움을 느끼게 될 것이다. 청소년기는 정말 황금같은 시기이다. 이는 가능성으로 가득찬 시기이기 때문이다. 이같은 시기를 무엇이 되기 위하여 고민하는 시간으로 청소년기를 보내지 말고 '지금 당장 무엇을 하여야 할 것인가?'를 결단하는 일이 우선되어야 하지 않을까?

제일 먼저 할 일은 관심사 찾기일 것 같다.

어떤 경우는 요즘 이 세상 속에 범죄는 나날이 증가하고 서민들만 고통받고 있다는 현실 인식이며, 병들고 가난한 이웃, 전쟁으로 신음하는 지구 반대편의 사람들, 오염돼 가는 지구 등 좀 더 나은 세상을 위한 것이라면 무엇이든 좋다. 이러한 문제의식이 충격적으로 내 가슴에 다가오지 않으면 결코 나를 움직이는 원동력이 되기는 어려울 것이다. 그저 잠깐 생각해보다 다시 현실 속에 묻혀버리게 될 것이다.

나의 경험으로도 한때 행정고시를 보아 고급 관리가 되는 것을 꿈꾼 적이 있단다. 그래서 관련 책을 구입하여 고시준비를 한 적이 있었지. 그러나 시험을 준비하는 과정에서 고시를 합격하여 내 자신이 고위 관리로 성공을 거둔 삶을 그리는 것보다 이 세상을 조금이라도 더 좋은 세상으로 만들기 위해서는 교육 분야에 내 삶을 투자하는 것이 더 좋겠다는 확신이 섰기에 교직을 포기하지 않았고 지금까지도 나의 마지막 열정을 쏟아가고 있다.

아직도 여러 고민 속에 망설이거나 아직 확정하지 못한 친구들에게는 〈10대, 세상을 디자인하다(바바라 A 루이스 지음, 소금창고)〉를 권하니 꼭 읽어보기 바란다. 이 책에서 열세 살인 잭 헌터는 지금도 노예로 살고 있는 사람이 있다는 걸 알고 충격을 받았다. 잭이 제일 먼저 한 생각은 '돕고 싶다'는 마음 자세였다. 그래서 당장 모금을 시작하였지. 사람들에게 큰 돈을 요구하는 게 아니라 굴러다니는 소액의 동전이면 된다고 그 나름의 전략을 짰다. 이에 '사슬을 푸는 동전'이라는 이름도 붙였다. 이 캠페인은 전국의 학교로 퍼졌고 지금까지 수천 달러가 모여 전 세계 노예 해방을 위해 쓰이고 있다. 열 여섯 살이 된 잭은 친구들에게 이렇게 당부한다. "우리는 어립니다. 음악을 듣고 농구를 좋아하는 청소년일 뿐입니다. 그러나 누군가는 하루 종일 고된 노역에 시달리고 있습니다. 양심이 우리에게 말하는 것 같습니다. 용돈을 모아 그들을 구해내자고." 이 밖에도 쓰나미가 휩쓴 마을을 살린 열 여덟 살 미히리, 열대우림을 구한 열 살 자니네 등 또래들의 생생한 이야기가 울림을 주고 용기를 준다. 어른들의 열 마디 말보다 훨씬 피부에 와 닿는 폭이 크다.

관심사를 찾았으면 관련된 정보를 수집해야 한다. 신문도 좋고 인터넷도 좋다. 다음은 계획짜기 단계이다. 단체에 가입할 건지, 내가 사람들을 모아 일을 도모할 건지, 무엇이 필요한지, 무엇을 해야 하는지 등을 일목요연하게 정리하는 일이다. 그리고 남은 건 단 하나. 실천에 옮기는 것이다. 이제 '어린 내가 뭘 할 수 있을까?'란 고민은 하지 않아도 좋다.

미래가 아닌 현재를 디자인 하여 먼 훗날 나의 삶이 결코 실패하지 않은 것은 '10대에 나의 삶을 잘 디자인한 노력 덕분이었다'라고 이야기할 수 있는 멋진 유빈이가 되기를 기대하여 본다. 항상 건강하게 몸과 정신을 잘 관리하기 바란다. 그리고 지금까지 네 자신을 지탱하여 준 부모님과 생각나는 선생님들께도 감사의 마음을 담아 한 장의 편지라도 써 보낼 수 있는 마음의 여유를 가져 보길 바라면서 이 편지를 보낸다.

윤경아,
네가 공부하는 이유는

윤경아, 네가 이번 교내 수학경시대회에서 2학년이지만 3학년 언니들과 겨룰 정도의 실력을 발휘하고 수학에 대한 관심이 높아 눈에 띄는구나. 우리 학교 많은 학생들은 수학을 매우 어렵게 생각하는데 넌 흥미가 참 많은 것 같구나. 앞으로 우리가 과학기술 분야의 선진국이 되려면 수학 없이는 불가능하다고 교장 선생님은 믿는 사람이다.

오늘은 너에게 수학으로 자신과의 싸움에서 승부를 걸어 성공적인 삶을 살고 있는 미국의 한 여성 기업가를 소개하고자 한다. 그녀는 제록스 사장 우르슐라 번스이다. 그의 엄마는 1년 동안 4400달러(한화 약 455만원) 이상을 벌어본 적이 없을 정도로 가난하였다. 뉴욕 빈민가에 살던 어린 시절, 그의 이웃은 술주정뱅이 백수가 대부분이었고, 동네 친구들은 마약과

술, 도둑질에 빠져 살았다. 파나마에서 이민을 와 3남매를 홀로 키우던 엄마는 "네가 사는 곳은 네가 누구냐인 것과는 상관없다"고 입버릇처럼 말했다. 이 같은 패배주의에 찬 그 말을 들을 때마다 그녀는 이를 악물었다. 그리고 수학책을 펼쳐 들었다. 그로부터 약 30년 뒤. 그는 미국 간판 기업의 수장이 됐다. 흑인 여성 최초로 포춘 500대 기업을 이끄는 제록스 최고경영자(56)의 이야기를 들려주고자 한다. 번스는 파나마 이민자의 셋째 딸로 1958년 뉴욕 빈민가 뒷골목에서 태어났다. 아버지는 어린 시절 가족을 버리고 떠났고, 어머니가 벌 수 있었던 돈은 앞에서 말한 대로 1년에 겨우 4000달러 수준이다. 하지만 단 한 번도 자녀들의 학비를 밀려본 적은 없다. 3남매 한 명당 고등학교 학비가 한 달 65달러였으니, 수익의 절반을 자녀 교육에 쓴 셈이다. 그런 어머니를 보며 번스는 늘 생각했다. "내가 어머니에게 진 빚을 갚으려면 공부하는 길밖에 없다. 좋은 성적을 받아 대학에 가자. 내 인생에 다른 선택은 없다."번스는 학비 보조금이 나오는 가톨릭여자고등학교에 다녔다. 학비가 사립학교에 비해 저렴했지만 정부 보조금에 의존하다보니 배울 수 있는 과목은 제한적이었다고 한다. 이 학교에서 번스는 겨우 읽고 쓰기 정도를 배웠다. 고급 문법이나 물리학, 수리영역은 배울 기회가 없었다. 홀로 SAT 공부에 몰입했다. SAT는 미국의 수학능력시험. 이 시험 성적이 있어야 대학 진학이 가능하다.번스 주변엔 그의 진로를 함께 고민해줄 사람이 없었다. 학교 친구들은 졸업 후 대부분 간호사, 교사, 수녀가 됐다. 번스는 "적어도 그 세 가지 직업은 내 적성이 아니다"라고 생각했다. SAT의 예비 시험인 PSAT 성적표를 받아들고 도서관으로 향했다. 당시 가장 좋은 성적이 나온 과목은 수학. 도서관에 있는 많은 책을 뒤져 수학 분야로 성공할 수 있는 길이 무엇인지 홀로 탐구했다. 번스의 이 같은 노력은 고등학교를 졸업하던 해 첫 결실을 맺는다. 지원했던 여러 대학으로부터 합격통지서를 받아든 것이다. 일부 과목을 수강하지 않아 '자격 미달'이었지만 가능성이 높다며 총 5개 대학에서 합격증서를 보내왔다. 번스는 그중 뉴욕대 폴리텍대를 선택했다. 또 당시 졸업 후 연봉이 가장 높은 '화학 엔지니어링'을 전공으로 택했다. 번스는 대학 졸업을 한 학기 남기고 우연히 세계 최대 문서관리 솔루션 업체인 제록스에서 인턴으로 일했다. 여름방학 두 달만 일했지만 회사에서 매력적인 제안이 날아왔다. '석사 학위 학비를 지원해줄 테니 졸업 후 우리와 함께 일합시다.' 번스는 제록스에서 전액 장학금을 받으며 컬럼비아대에서 기계공학 석사 학위를 마쳤다. 제록스로 돌아온 번스는 말단 사원으로 시작했다. 5년간 화학연구소에서 일하며 제록스의 독점 기술 연구에 몰입했다. 제록스 파크연구소는 예산의 10%를 연방정부에서 지원받는 곳으로 애플과 마이크로소프트의 창업을 도운 인큐베이터 같은 곳이다. 번스는 사원 시절 자신의 의견을 솔직하고 당당하게 이야기해 임원들로부터 여러 차례 주목받게 된다. 1989년 웨일랜드 힉스 부사장이 주도하는 토론회에 참석한 뒤 그의 비서로 승진하기도 했다. 이후 팩스오피스네트워크 부서를 이끌었고, 1999년 글로벌 생산 부문 부사장으로 승진하는 등 차근차근 승진 계단을 밟았다. 번스는 "나는 공학도로 입사 초기 비즈니스에는 전혀 관심이 없었다"며 "기술을 오래 연구하다 보니 소비자들의 니즈가 무엇인지 자연스럽게 궁금증을 갖게 됐다"고 말했다. 제록스에는 다양성을 존재하는 '열린 문화'가 있었지만 빈민가 출신 흑인 여성인 번스에겐 분명 보이지 않는 차별이 존재했다. 그는 그러나 "제록스는 단순히 '많은 돈'을 성공으로 여기지 않고 직원들의 다양한 성취를 중시했다"고 회고한다. 당장 눈앞의 성과가 아닌 개성을 중시하는 회사 문화가 번스를 계속 제록스에 머물게 한 힘이라는 것이다. 입사 20년차에는 위기도 찾아왔다. 번스는 2000년 돌연 제록스를 떠나겠다고 결심했다. 잘못된 전략과 거품으로 가득한 임원들, 그로 인한 이사회의 분열, 급증하는 부채와 급락하는 주가 등 혼란한 상황을 견디기 어려웠기 때문이다. 하지만 이사회는 번스에게 높은 보수를 제안하며 회사를 구해 달라고 부탁한다. 번스는 (2000년 부사장으로 승진한 이후) 10년간 부사장을 지내며 제록스의 '잔다르크'로 불리는 앤 멀케이 당시 CEO와 제록스 회생에 나섰다. 우선 2000년대 초 9만6000명이던 직원을 5만5000명으로 줄이는 구조조정을 단행했다. 확신이 없는 경영진은 바로 내보내고, 과거 실패한 비즈니스를 과감히 버렸다.번스는 빈민가에서 독학하던 때를 떠올리며 이공계 후학 양성에 애쓰고 있다. 현재 이공계 인재들에게 멘토링을 지원하는 기관 FIRST와 매사추세츠공과대(MIT) 등에서 리더십 강연을 하고 있다. 2009년 버락 오바마 미국 대통령은 과학, 기술, 엔지니어링, 수학 등 분야를 아우르는 STEM 프로그램을 구상할 때 번스를 지목해 자문 역할을 맡겼다. 또 2010년 대통령 직속 수출협회의 부회장직을 지내기도 했다. 번스가 말하는 성공의 비결은 뭘까. 그는 다섯 가지 마음가짐으로 자신의 성공 비결을 요약했다. 후배들에게 가장 중요한 요인으로 강조하는 건 '좋은 배우자를 만나라'는 것이다. 번스는 제록스 연구소에서 함께 일하던 20세 연상의 로이드 빈과 결혼해 현재 두 아이의 엄마가 됐다. 그는 "남편과 나는 서로의 일을 100% 이해하는 동반자"라며 "특히 스무 살이나 나이가 많은 나의 남편은 내가 가장 바쁜 나날을 보내는 지금 엄마의 역할까지 완벽하게 해주고 있다"고 말했다. 그는 또 일과 가정의 균형을 찾을 것, 가끔은 희생만 하지 말고 이기적인 사람이 될 것, 완벽한 사람이 되려고 하지 말 것, 인생을 너무 진지하게 생각하지 말 것 등을 강조한 것이다. 지금은 네가 정말 공부를 하겠다면 세상은 외면하지 않을 것이다. 지금부터라도 큰 꿈을 갖고, 네가 왜 공부해야 하는가를 날마다 물으면서 학생시절을 보낸다면 너의 앞길은 잘 개척되리라 확신한다. 그리고 너의 삶의 모델을 꼭 찾아 어려움이 닥치더라고 극복하는 힘을 얻기 바라면서, 네가 앞으로 세상을 살아가는 길목에서 잘 눈여겨보길 바란 마음에서 적어 보낸다.

안녕하세요, 교장 선생님? 저는 2학년 허윤경입니다. 먼저 교장 선생님께 답장을 늦게 보내게 되어 죄송하단 말씀부터 드리고 싶습니다.

교장선생님께서 주신 글 잘 읽어보았습니다.

이 글을 읽고 정말 우르슐라 번스는 대단한 사람이라고 생각이 들었습니다. 가장 마음에 와 닿았던 말은 "네가 사는 곳은 네가 누구냐인 것과는 상관없다."라는 말입니다. 광양에서 태어나 더 많은 공부를 하지 못한다고 생각하고 늘 주위환경 탓만 했던 저에게는 참 많은 걸 깨닫게 되는 말 이였습니다. 광양에서 성공한 사람들은 생각하지도 않고 그저 대도시의 아이들이 공부를 더 잘하는 건 당연하다고 생각했던 제가 어리석었다고 느꼈습니다.

그리고 노력을 많이 해야겠다고 느꼈습니다. 자신에게 맞는 적성이 수학이라는 것을 찾고, 수학 분야로 성공할 수 있는 길이 무엇인지 직접 탐구한 우르슐라의 노력에 정말 박수를 보내고 싶습니다.

저도 저에게 맞는 적성을 신중하게 찾아 그 적성으로 성공할 수 있도록 열심히 노력할 것입니다.

마지막으로 우르슐라 번스가 강조한 다섯 가시 마음가짐을 다시 한 번 되새길 것입니다. '좋은 배우자를 만나라.', '일과 가정의 균형을 찾아라.', '가끔은 희생만 하지 말고 이기적인 사람이 되라.', '완벽한 사람이 되려고 하지 마라.', '인생을 너무 진지하게 생각하지 마라.' 아직은 고민하지 않아도 되는 마음가짐들도 있지만 이제부터 일어날 일들에 대해 이 다섯 가지 마음가짐들을 마음속에 잘 새겨 넣도록 하겠습니다.

저도 교장 선생님께서 말씀하신 과학기술 분야의 선진국이 되려면 수학 없이는 불가능하다고 믿고, 수학은 정말 위대한 학문이라고 여기고 있습니다. 또한 수학은 매력이 넘치는 학문이라고 생각합니다. 저도 이 수학이 더욱 발전되도록 노력할 것입니다. 그리고 많은 사람들에게 수학의 재미와 매력을 알려줄 것입니다. 수학이 지루하고, 어려운 학문이 아닌 재밌고, 수학에 관련된 문제들을 풀다 보면 흥미가 생긴다는 것을 모든 사람들이 알았으면 좋겠습니다.

교장선생님께서 주신 이 글 덕분에 많은 것을 생각해보게 된 것 같습니다.

교장선생님께서 하신 말씀처럼, 지금부터라도 큰 꿈을 갖고, 제가 왜 공부해야하는가를 날마다 물으면서 의미 있는 학생시절을 보내겠습니다.

그리고 제 삶의 모델을 찾아 어려움이 닥친다면 잘 극복해내겠습니다.

이렇게 좋은 글을 주셔서 감사합니다.

경초야,
20년 후 너의 미래를 그리며

경초야, 넌 영어 실력이 남다르게 좋은 것을 보니 영어에 많은 투자를 한 것 같구나. 앞으로 이런 실력을 잘 유지하면 네가 희망하는 영어 선생님이 될 수 있으리라 믿는다. 네가 아직 영어만큼 못하는 과목에도 시간을 투자하면 영어처럼 자신있는 과목이 될 것이다. 이 시대는 미디어의 발달로 일상생활 가운데 피하기 어려운 것이 현란한 광고의 유혹이다. 모든 기업들은 자신들의 물건이나 서비스를 팔기 위하여 광고에 많은 투자를 한다. 그래서 유명한 탈랜트들이 이에 동원되고 있음을 본다. 배우 전지현이 섹시한 눈길을 던지며 "나는 오늘도 꽤 질 산다"고 말한다. "쇼핑 전문가는 아니지만 최신 유행 옷이나 여행을 즐기고 가끔씩 호텔 스파로 기분도 낸다"고 자랑한다. 온라인 쇼핑몰 '쿠팡'의 TV 광고다. 2010년 공동구매를 하면 할인해주는 소셜커머스 업체로 시작한 쿠팡은 5년 만에 연간 거래액 2

조 원을 넘는 종합전자상거래 회사로 성장했다. 이런 쿠팡이 손정의 일본 소프트뱅크 회장(58)한테서 10억 달러(약 1조1000억 원)의 투자를 유치했다. 한국 벤처기업 역사상 최대 금액이다. 세계적으로도 지난 1년간 미국의 우버(28억 달러), 중국의 샤오미(11억 달러)에 이어 세 번째다. 쿠팡의 기업 가치는 5조5000억 원으로 평가됐다. 쿠팡은 지난해 3400여 억 원 매출에 1200여 억 원의 적자를 봤지만 성장 가능성을 높게 본 것이다. 손 회장은 2000년 중국 알리바바에 200억 원을 투자해 60조 원으로 불린 경험이 있다. 쿠팡은 '제2의 알리바바'가 되리라는 기대에 부풀고 있다. 이 쿠팡은 가끔 나의 스마트폰에도 얼굴을 내민다. 쿠팡 창업자인 김범석 대표(37)는 미국 하버드대를 나왔다. 부모님은 변호사가 되기를 원했지만 "기업을 통해 세상을 바꿀 수 있는 게 너무 재미있어" 창업을 했다고 한다. 그는 전국에 물류센터를 구축하고 미국 실리콘밸리와 중국 상하이에 연구개발센터를 만들었다. 단순 물류 유통업체가 아니라 첨단 정보기술(IT)을 갖춘 혁신적인 기업을 추구한 것이다. 쿠팡 직원이 직접 신속하게 배달해주는 '로켓배송'을 시작해 택배 · 물류업체들과 갈등을 빚기도 했다. 투자자인 재일교포 3세인 손정의 회장은 큐슈 무허가 판자촌에서 태어나 '조선인'이라고 멸시를 받으며 자랐다. 하지만 그는 일본 최대 IT 기업의 대표가 됐다. 그는 매우 어려운 길을 걸었지만 결코 꿈을 포기하지 않았다. 이를 보면서 한국인의 DNA에는 창의성과 기업가적 근성이 넘치는 같은 느낌을 받았다.이 신문 기사에 나온 것처럼 네가 "나는 어디에 무엇을 투자할까?" 질문하여 보는 시간이 있었으면 좋겠다. 그리고 네 친구들도 장래 부모가 원하는 공무원이나 교사만 꿈꾸지 말고 위대한 기업가가 되길 꿈꾸는 소녀들이 되기를 기원해 본다. 지금은 배움의 시기이다. 이때 잘 배워두면 장래 귀한 자산이 된다는 사실을 기억하기 바란다. 가장 위대한 투자처는 '나'라는 사실을 기억하고 산다면 20년 후 너의 미래는 분명히 달라질 것이라 믿는다. 이번 이번 중간고사부터 네가 아직 충분하지 않다고 생각하는 과목에 시간을 좀 더 투자하여 보면 결과가 달라질 것이라 생각하며 이만 줄인다.

제3부 성실편

유경아!
성격과 적성에 맞는 직업을 찾아보길

유경아! 너는 다른 아이들보다 매우 신중하게 직업 선택을 하는 네 모습을 보고 대단하다는 생각이 든다. 초등학교 때는 어느 선생님의 영향을 받아서, 또 네가 잘 할 수 있을 것 같다는 생각에 선생님이 되고자 했는데 중학교에 와서는 아직 확실한 목표를 정하지 못하는 것을 보면 넌 상당히 직업을 선택하는 과정에서 신중을 기하는 것 같구나. 다른 사람들 같으면 묻는 것이 귀찮아서라도 그냥 대강 말 할 수도 있는데 말이다. 목표는 도로에 그어진 차선과 같은 것이다. 우리 인생도 마찬가지이다. 분명한 목표를 지니고 있지 않다면 우리의 삶도 방향성을 잃게 된다.

많은 사람들이 생각하는 진로는 자신의 성적과 깊은 관계가 있다고 믿는다. 그래서 부모는 어떻게 하면 좋은 대학에 보낼까에 관심이 너무 집중되어 있는 것 같아. 그러나 이제 대학이 진로를 결정해 주는 시대는 이미 지났다고 생각해. 세상은 엄청난 변화를 이루고 있다. 지난 11월 7일 서울 올림픽 공원 SK핸드볼 경기장에서 열린 테크플러스 즉, 제4회 지식 콘서트에서 홍석우 장관은 김용 세계은행 총재에게 받은 파란 넥타이를 보이면서 "여기 새겨진 세상 빈곤을 없애는 것이 우리 꿈(Our Dream is a World Free of Poverty)이란 문구처럼 한국의 젊은이들이 꿈을 현실로 만들수 있을 것으로 믿는다."고 하였다. 이처럼 나도 네가 꿈을 만들어 꼭 꿈을 현실로 이루기 바라면서 이렇게 적어 본다.

인간의 고통은 무엇일까. 평생 동안 해야 할 일을 재미없이 시켜서 하는 일이라면 그게 큰 고통이 아니겠니? 이젠 너의 성격과 적성에 맞아야만 평생 직업이 될 수 있고, 자아실현을 통해 행복한 삶을 살 수 있을 거야. 앞으로는 평생 직장이라는 개념은 사라지고 일생 동안 평균적으로 7번 정도 직장을 바꾸게 될거라니 말이다. 그래서 직장은 바꿀지라도 하는 일을 바꾸지 않는 것이 좋지. 그러기 위해서는 무엇보다 자기 적성에 맞는 직업을 가져야 하고, 지속적으로 업그레이드해서 자신만의 능력을 향상시켜야 한다. 즉 자기 적성에 맞는 직업이라야 즐거운 마음으로 평생 배우면서 일할 수 있다는 이야기이지. 좋은 이야기 하나를 전하여 주겠다.

깊은 산속에서 동물회의가 열렸다. 주제는 '다가오는 미래사회에서 살아남기 위한 방법'이었다. 동물들은 열심히 토론한 결과 동물학교를 만들어서 교육을 통해 미래를 준비하자는 데 의견이 모아졌다. 교과목은 달리기, 나무 오르기, 날기, 수영 등이었다.

오리 학생은 교사보다 수영 과목이 우수했다. 물갈퀴를 가지고 멋지게 수영을 하는 모습은 아무도 따라올 수 없었다. 그런데 달리기와 날기 과목에서는 낙제를 받았다. 날려고 몸부림쳤지만 날지 못하고 떨어지면서 날

개깃이 다 빠졌다. 달리기 수업시간에는 더 최악이었다. 뒤뚱거리며 열심히 달렸지만 실력은 늘지 않았다. 나무 오르기에서는 매를 맞아가면서 열심히 올라봤지만 물갈퀴만 찢어졌다. 결국 깃이 빠지고 물갈퀴도 찢어지면서 헤엄치기마저 제대로 할 수 없는 오리가 되었다.다음은 토끼 학생, 달리기 시합에서는 선두를 달렸지만 수영시간에는 앞다리가 짧아서 도저히 따라갈 수 없었다. 많은 스트레스를 받으면서 털이 다 빠졌다. 선생님은 기초가 부족하다면서 기초부터 배우라고 강요를 했다. 물에서 나오면 다시 물속에 쳐 넣었고 온몸이 만신창이가 돼 뛸 수 있는 기력까지 잃어버렸다. 다음은 다람쥐 학생, 나무 오르기에는 따라올 자가 없었지만 날기 수업을 위해 높은 나무 위에서는 자꾸 떨어졌다. 선생님은 할 수 있다고 계속 해보라고 했지만 하면 할수록 '나는 안 돼' 좌절감만 커져 갔다. 결국 계속 뛰어내리다가 근육마저 망가져 나무 오르기 조차 할 수 없는 지경에 이르렀다.

독수리 학생도 마찬가지 이었단다. 겨우 닭 학생만 수영도, 날기도, 뛰기도 조금씩, 특별히 잘하는 것은 없어도 평균적으로 가장 높은 점수를 받아 수석으로 졸업하게 됐다는 얘기다. 너는 과연 어떤 학생인지, 네 자신이 스스로 생각하기에 잘 하거나 재주가 있거나, 능력이 뛰어나다고 생각하는 것이 있다면 구체적인 것들을 서너개 적어보면서 스스로 생각해 볼 필요가 있지 않을까?

난 네가 가능한 많은 탐색과정, 즉 체험을 통하여 너에게 맞는 것을 연습하여 보고 먼 미래에 후회가 적을 거라 생각되는 것들을 꼭 찾아보기 바란다. 네가 소망하는 모든 것을 체험하기에는 시간과 경비가 너무 많이 들 것이다. 그러니 참고로 "성적은 짧고 직업은 길다"라는 책을 읽어보는 것도 도움이 될 것이다. 고등학교 가서 결정하겠다기 보다는 지금부터라도 늦지 않았으니 노력하여 보면 어떨까 생각하면서 좋은 결과가 있기를 바란다.

선생님, 좋은 글 감사합니다.

제가 아직 꿈을 정하지 못한 것은 많은 것을 경험해보고 싶지만 그 해보고 싶은 것들 가운데 제가 잘할 수 있는 것을 찾지 못했기 때문입니다.

생각해보면 저는 잘 할 수 있는 것만 찾고 잘 해보겠다는 노력은 솔직히 해 보지 않았습니다.

그게 아직 제가 목표를 정하지 못한 이유인 듯합니다. 선생님께서 전해주신 이야기를 듣고 저는 제가 잘 할 수 있고 내가 좋아할 수 있는 것을 찾아서 그에 맞는 목표를 정해 내 꿈을 찾도록 노력해야겠다고 생각했습니다.

선생님께서 말씀하셨듯이 저는 이제 앞으로 꿈을 이루기 위해 공부든, 다른 여러가지 체험이든 열심히 해서 실력을 향상시켜나가는 그런 사람이 되도록 하겠습니다.

감사합니다.

현영이의 멋진 삶을 기대하면서

현영아, 넌 네가 고등학교에 원서를 제출하면서 너의 성적을 확인하였을 것이다. 광주에서 이곳으로 전학을 와 적응하는데도 조금은 어려움이 있었겠지. 이제 졸업하여 네가 고교에 가서는 정말 하고 싶은 것을 찾아서 열심히 하면 좋겠다. 그런데 현재 그 수준의 성적이 나온 것은 공부를 하기 위하여 보낸 시간보다는 휴대전화에 붙들려 시간을 보낸 시간이 많았고 친구들과 놀기만 한 결과라는 것을 너는 인정하였었지? 너의 장래를 생각하여 철저한 반성이 필요한 것 같구나.

이제 네가 진정으로 원하는 새로운 생활 방식에 집중하고 싶다면 '비전 사진첩'을 만들어 보면 어떨까? 이것은 매우 흥미진진한 작업이다. 먼저 큰 사진첩이나 노트를 사고, 필요한 그림들을 모아라. 만일 중국에서 직원들과 휴가를 보내는 것이 목표라면, 여행 잡지에서 아름다운 중국 풍경 몇 장을 오려내면 된다. 맨 위에 굵은 글씨로 '나는 중국에서 직원들과 5일간의 휴가를 즐기고 있다(2011년 9월 30일)라고 기록하기 바란다.

글레나 살스버리는 상상력 기법을 이용해 대단한 성공을 이루어 내 사람이다. 그녀가 일을 막 시작할 무렵에는 모든 상황이 너무나 어려웠다. 그녀는 온갖 세금과 생활비를 대며, 홀로 세 명의 어린 딸을 키우고 거기다 자신의 꿈을 포기하지 않기 위해 안간힘을 쓰고 있던 형편이었다. 그녀는 말한다. 어느 날 저녁, 나는 상상력(Imagination)과 생동감(Vividness)이 더해지면 현실(Reality)이 된다는, I × V = R 원리를 주제로 한 세미나에 참석했다. 연사는 생각이란 말이 아닌, 그림으로 하는 것이라고 강조했다. 그리고 우리가 원하는 것을 마음속에 생동감 있게 그려낼 때, 그것은 현실이 된다는 점을 지적하였다.

그 말은 내 가슴 속의 창조성에 불을 붙였다. 나는 그 동안 마음 한 구석에 간직했던 소망들을 리스트로 만들고, 그것을 다시 그림으로 바꾸기로 결심했다. 오래된 잡지책들을 뒤져가며, '마음의 소원'을 표현할 사진들을 모았다. 그리고 예쁜 사진첩에다 그것을 장식했다. 내 그림들은 매우 구체적이었다. 1. 웨딩드레스를 입은 여자와 턱시도를 입은 잘 생긴 남자 2. 아름다운 꽃다발 3. 푸르게 반짝이는 카리브 해의 섬 4. 세 딸의 대학 진학 5. 회사의 여성 부사장

그로부터 8주 후, 나는 캘리포니아의 고속도로를 달리고 있었다. 그러다 내 옆을 달리는 붉은 색과 흰색이 섞인 멋진 차를 발견하고 부러운 눈길로 쳐다보게 되었다. 그러자 그 차의 운전자는 나를 보고 미소지었다. 나도 미소로 답했다. 그리고 얼마 후, 나는 그 차가 나를 따라오고 있다는 사실을 알았다. 무시하는 척했지만 그는 거의 15마일이나 내 차를 따라왔

다. 무섭고 두려웠다. 몇 마일을 더 달렸지만 그는 여전히 나의 뒤를 쫓아 왔다. 나는 차를 세웠고 그도 차를 세웠다. 그리고! 결국 나는 그와 결혼을 했다.

첫 번째 데이트를 하고 난 뒤, 짐은 나에게 장미 꽃다발을 보냈다. 그 후에도 우리가 데이트를 한 2년 동안, 그는 매주 월요일이면 내게 장미꽃과 사랑을 담은 메시지를 보내 주었다. 결혼을 준비할 무렵 짐은 말했다. '완벽한 신혼 장소를 찾았어. 카리브해에 있는 세인트 존이라는 섬이야.' 나는 놀랐지만 그에게 사진첩 이야기는 하지 않았다. 시간이 흐른 후, 우리는 내 사진첩 속의 그림과 너무나 닮은 집을 사서 이사를 했고, 그 때서야 나는 이 작은 비밀을 털어놓았다.

또한 나는 내가 일하던 회사의 인력 자원 부사장이 되었다. 모두 대학을 졸업한 세 딸들은 내가 그랬던 것처럼 자신의 사진첩을 만들어 놓고 열심히 살아가고 있다.

이 이야기는 한편의 동화같은 이야기지만 이것은 분명한 사실이다. 마음속에 진정한 소망을 품고 있는 한, 불가능한 꿈은 없는 법이다. 네 마음속에 그림이 명확하고 구체적일수록 집중하기가 더 쉽다. 그리고 원하는 결과를 더 빨리 끌어올 수 있다. 창조성을 발휘하라. 강력한 비전을 갖기 위해, 여러 가지 방법을 사용해 보라. '비전 사진첩'은 그런 과정을 시작하기에 가장 좋은 방법이다. 꼭 네가 실천하여 이 세상에서 멋진 삶을 살아가길 교장 선생님은 기대하여 본다.

혜경아,
밝고 창의적이며 전문성을 가진
인재를 요구한다

혜경아, 벌써 입학식을 마친 후 2주일이 다 지나가는구나. 친구들, 선생님과의 관계 등 새로운 심리적 환경에서 학교적응은 잘 하고 있는지 궁금하다. 중학교와는 많이 다르다는 것을 쉽게 느낄 것이다. 너희들이 졸업한 이곳 여중은 신입생 동생들이 315명 입학하였단다. 이제 세상은 글로벌 시대를 맞이하여 경쟁도 글로벌화 된 것 같구나. 옛날이라고 이런 경쟁이 없었던 것은 아니지만 종전에는 국가간 경쟁이었다면 지금은 기업들이 더욱 이에 가세하고 있는 것 같구나. 넌 네가 하고 싶은 것이 다양한 국적의 외국 친구를 사귀는 것이라고 하였는데 그것을 가능하게 하기 위해서는 글로벌 기업에 취업하는 것이 도움이 될 것이다. 그러기 위해서라면 무엇보다도 글로벌 기업에 대한 공부가 필요할 것 같아 이 서신을 너에게 보낸다.

글로벌 경쟁 시대에 기업이 생존할 수 있는 가장 핵심적인 토대는 인재다. 최근 기업들이 인재 육성에 많은 노력을 기울이고 있는 것도 고급 인력이 기업경영에 매우 중요한 자원이기 때문이다. 따라서 모든 기업은 회사에 필요한 인재를 찾고 있다. LS그룹도 이런 측면에서 인재육성을 위한 다양한 노력을 기울이고 있다. 네가 기업을 만들기 전에는 기업이 필요로 하는 것을 네가 가지고 있어야 할 것이다. 구자열 LS 회장은 "밝은 기운을 가진 사람은 다른 사람의 단점보다 장점을 보려고 노력하는 포용력 있는 인재"라며 "그런 사람들이 모인 밝은 기운이 있는 조직, 상호 존중하는 조직을 만들어야 한다"고 강조했다. 그래서 LS의 인재상은 'LS 파트너십을 바탕으로 밝고(Positive), 창의적(Creative)이며, 최고의 전문성을 가진(Professional) 인재'를 요구한다는 것이다.

세계화와 정보기술(IT)의 발달에 따라 '글로벌 플레이어'의 중요성도 커지고 있다. 해외 기업 인수와 법인 설립, 수출 확대 등 글로벌 경영을 주요 전략 방향으로 설정하고 있는 LS그룹은 회사를 '글로벌 톱'으로 견인할 글로벌 플레이어 양성에 많은 투자를 하고 있단다. 넌 대학에 가서도 장학금도 받고 가능하면 조기 졸업에 대한 꿈을 꾸고, 일찍 취직하겠다고 하였는데 이런 꿈을 이루기 위해서는 너만의 장점을 살린 차별화된 너만의 노력이 요구될 것이다.

LS전선과 LS산전 · LS엠트론은 글로벌 플레이어 육성 체계를 수립하여 추진하고 있다. 전사원을 대상으로 글로벌 마인드 및 외국어 능력을 향상시키기 위한 글로벌 커뮤니케이션 교육을 실시 중이다. 외국어 교육으로는 대표적으로 국내에서 기초 4주, 해외 현지 어학연수 4개월, 현지법인 현장훈련(OJT) 및 문화체험 4주로 구성된 인텐시브 과정이 있다.

한편 LS전선 · LS산전 · LS니꼬동제련 · LS엠트론 등은 매년 신입사원이 들어오면 '멘토링 결연식'을 한다. 멘토링을 통해 회사에 조기 정착을 촉진하기 위한 활동과 신입 사원에게 과제를 부여하고 해결해 가는 활동을 병행하고 있다는 것이다. 넌 여고에도 상위권으로 들어갔으니 촛점을 맞춘 집중적인 노력을 하면 장학금도 충분히 받을 수 있을 것이다.

네가 살아갈 세상은 예전과 달리 예측 불허의 세상이 될 것이다. 앞으로 어떤 일이 벌어질지 한 치도 알 수 없는 세상이며, 변화무쌍한 세상이다. 사는 데에 정답이 없는 세상이기에 이것저것 해보면서, 실패를 거듭하면서 헤쳐 나가야 하는 세상이기도 할 것이다 성공하는 사람들은 어려움에 주저 하지 않고, 넘어지고 다쳐도 일어서고 또 일어설 수 있는 오뚝이 같이 이겨내는 사람이다. 따라서 상처를 입지 않도록 보호해주는 대신 상처를 입고도 다시 도전할 수 있는 상처 회복 능력을 지닐 수 있으면 좋겠다.

만약에 학교 교육을 받으면서 너의 성적이 예상보다도 나오지 않는다면 네가 지금까지 공부한 방식에 문제는 없는 것인지 차분하게 점검하여 보기 바란다. 사색(思索)하지 않으면 사색(死色)이 될 것이다. 왜? 성적이 나오지 않기 때문이다. 따라서 문제점을 해결하고 좋은 지도를 잘 받기 위해서는 선생님들과의 관계를 잘 맺어 가기 바란다. 네가 요청하는데도 피할 선생님은 없으리라 믿기 때문이다. 사람은 누구든지 내가 어떤 자세로 대하는가에 따라 상대방의 태도도 달라지게 되어 있다는 사실을 명심하기 바란다. 가끔 여중에 맛있는 급식도 먹으로 오기 바란다.

지영아,
독서가 뒷받침 되지 않으면

지영아! 차분하게 학습하는 너의 모습이 참 멋있구나. 그런데 국어 성적이 다른 과목보다 낮아 다소 고민이라고 했던 너의 말이 생각나 이 편지를 쓰게 되었다. 특히 국어는 독서가 뒷받침 되지 않고는 도저히 불가능하단다. 넌 현재까지의 방법을 바꿀 필요가 있다고 생각하는데 어떻게 생각하니? 그러면 너에게 아마 놀라운 변화가 일어날 것이다. 하지만 너무 짧은 시간에 변화를 바라기보다는 차분히 준비하여야 할 것이다.

역사상 리더는 독서가이고 독서가는 리더가 될 가능성이 매우 높다고 생각한다. 이병철, 안철수, 마오쩌둥, 빌게이츠, 손정의, 나폴레온, 위스턴 처칠, 빌 클린턴, 오프라 윈프리, 토마스 에디슨, 이들의 공통점은 독서광이라는 것이다. 지금은 국회의원이 된 안철수 연구소의 안철수 사장은 젊은 시절 "필요한 책을 한국에서는 구할 수 없다"고 할 정도로 왕성한 독서를 한 사람이다. 그런 노력이 있었기에 오늘의 안철수 의원이 된 것 아니겠니?

최근 포천이 선정한 최고 영향력 있는 여성 순위에서 3위에 오른 '토크쇼 여왕' 오프라 윈프리는 독서광으로서 미국에 독서 열풍을 일으킨 주역이다. 유럽을 평정했던 프랑스의 나폴레옹은 전쟁터에서도 말 위에서 책을 읽었다는 일화를 남길 정도로 대단한 독서광이었다. 역사 속에서 굵은 획을 그은 유명인들은 이같은 책의 위력을 일찌감치 활용한 사람들이다. 내가 잘 아는 한 선생님도 하루 한 시간씩 독서를 한다. 하루 한 시간씩 독서를 해서 일주일에 책 한권을 읽는다. 한 달에 4권, 일 년에 50권의 책을 읽는다. 지난 30년 동안 1,500권 이상의 책을 읽었단다. 이렇게 책을 읽은 그분이 역사 분야의 전문가로서 인정을 받고 있는 것은 너무나 당연한 일인 것이다.

또한, 그분은 시간만 있으면 주말에 산에 간다. 산에 가서 산책(살아있는 책)을 하면서 지식을 지혜로 만드는 것이다. 한마디로 오늘 배우지 않아도 내일이 있다는 생각을 하지 말라는 자세로 세상을 살고 있는 것이다. 리딩(Reading)을 하면 러닝(Learning), 배우게 되고 배우면 어닝(Earning) 즉, 돈도 벌 수가 있다. 공부하지 않고 돈을 버는 시대는 지나갔다.

독서를 할 때는 독서와 되새김을 반복하는 것이다. 만약 1시간의 독서를 한다면 처음 30분은 읽는 데 사용하고 나머지 30분은 읽은 것을 되새기는 데 사용하는 것이다. 그리고 차이점을 잘 살펴보는 노력이 필요하다. 만일 되새기는 일을 너무 적게 한다면 읽는데 시간을 너무 많이 사용하고 있는 것이다. "학습을 하고 사고(思考)하지 않으면 곧 텅 비고, 사고를 하고 학습하지 않으면 곧 위태롭다"고 논어는 말한다.

독서를 통해서 지식을 얻고, 산책(살아있는 책)을 통해서 지혜를 얻는단다. 난 우리 학교 학생들이 모두 독서 1000(천)국 운동을 통해서 지식을 얻고, 천(1000)산 운동을 통해서 지혜를 얻었으면 하는 기대를 가져본다. 그래서 광양여중 출신으로 미래를 멋지게 살아가는 사람들이 되기를 꿈꾼단다.

해진아,
무식한 노력은 천재를 이긴다

해진아! 오늘은 눈발도 날리고 추워서 몸이 웅크려지는구나. 이제 내일은 고교 예비소집이 있고 보니 조금 있으면 고교에 진학한다는 것을 실감하고 있겠지? 네가 17일 오후에 학부모 대상 강의를 하신 박해평 강사님의 강의를 듣고 '윤동주의 서시'를 다 외운 것을 보고 교장 선생님은 깜짝 놀랐단다. 너에게 그런 놀라운 잠재력이 있다는 것을 이제 알았구나!

아마 너도 실고에 진학하여야 한다고 생각하니 조금은 후회스러울 때는 있었을 것 같은데.... 성적이 좋지 않은 학생들은 가끔 "저는 재주가 없나봐요", 한탄하며 재주를 타고난 몇몇 학생들을 부러워한다는 사실이다. 안 되는 모든 이유와 변명이 자신의 '둔재(鈍才)'에 있다는 것이라고 생각하기 쉽지. 나도 공부가 마음대로 안 될 때는 머리가 안 좋은 것으로만 생각했었단다.

그러니까 조선시대에 김득신(1604~1684)이라는 사람이 있었다. 그는 아둔하기 짝이 없어 열 살에야 겨우 글을 배우기 시작했다. 그 시절 흔히 읽던 〈십구사략(十九史略)〉의 첫 단락은 겨우 26자에 지나지 않았는데, 사흘을 배우고도 입조차 떼지 못했다. 주변에서 저런 둔재는 처음 보았다고 혀를 찼다, 하지만 그의 아버지만큼은 늘 아들을 포기하지 않았단다.

"나는 저 아이가 저리 미욱하면서도 공부를 포기하지 않으니 그것이 오히려 자랑스럽네. 하물며 대기만성이라 하지 않았는가?" 그는 아버지의 성원에 힘입어 나이 스물이 되어서야 비로소 글 한 편을 지을 수 있었고, 뒤늦게 과거에 급제하여 성균관에 들어갔다. 그런 뒤에도 그는 길을 걸을 때나 남들과 이야기를 주고받을 때나 손에서 책을 놓지 않았다. 밤에는 늘 머리맡에 책을 두고 잤다. 그렇다 하여 둔재가 천재로 변하지는 않았던 모양이다. 홍한주(1798~1866)라는 학자의 〈지수염필〉에 이런 이야기가 실려 있다.

김득신은 지혜가 부족하고 재주가 몹시 노둔했는데도 외워 읽기를 매우 부지런히 했다. 독서록이 있었는데 천 번을 읽지 않은 것은 기록에 올리지도 않았다. 사마천의 〈사기〉 중에 '백이전' 같은 것은 1억1만3 천 번을 읽기에 이르렀다. 뒤에 한번은 말을 타고 어떤 사람 집을 지나가는데, 책 읽는 소리가 들려왔다. 그는 말을 멈추고 한참 동안 듣더니 이렇게 말했다. "그 글이 아주 익숙한데, 무슨 글인지 생각이 안 나는구나." 말 고삐를 끌던 하인이 올려다보며 말했다.

"부학자 제적극박 어쩌고저쩌고 한 것은 나으리가 평생 맨날 읽으신 것이니 쇤네도 알겠습니다요. 나으리가 모르신단 말씀이십니까?" 김득신은 그제서야 그 글이 '백이전'임을 깨달았다. 이렇듯 후대에까지 둔재로 널리 이름을 떨친 김득신이지만 만년에는 시로 세상에 이름이 난 사람이 되었단다. 타고난 둔재도 1억1만3천번(현재로 따지면 11만3천번)을 읽어내는 노력과 끈기로 일어선 것이다. 같은 책을 11만 번이나 읽다니? 게으른 범인으로서는 흉내낼 수 없는 노력이다. 이렇게 표현해도 용서된다면 무식하다 싶은 노력이다. 그러나 무식한 노력은 천재를 이긴다. 김득신이 될 때까지 해 볼 수 있었던 것은 아버지의 격려 덕분이었다. 스물 넘어 처음 지은 시가 오죽 변변찮았을까. 그러나 아버지는 크게 기뻐하며 격려했다.

"더 노력해라. 공부란 꼭 과거를 보기 위해서 하는 것은 아니다." 아버지의 격려 덕분에 남보다 늦었지만 김득신은 과거에 급제했고, 남들보다 훨씬 늦었지만 당대의 문장가가 될 수 있었다. 그리고 무엇보다 자신의 둔재를 극복할 수 있었다. 아버지의 아들에 대한 믿음과 격려는 노력에 날개를 달아주고, 자신을 뛰어넘게 해 주는 위대한 힘을 갖고 있다.

나도 네가 지금은 네 성적에 만족하지 못하다는 느낌을 받고 있지만 시를 외우듯 영어, 다른 과목도 한다면 충분히 잘 할 것이라 믿는다. 미래를 너무 걱정하지 말고 지금의 네 노력이 미래를 아름답게 가꿀 수 있다는 믿음으로 너에게 주어진 시간을 잘 보내기 바라면서 이만 줄인다.

시은아,
네 자신을 잘 갈고 닦기를 바란다

시은아! 2014 갑오년 새해가 밝아왔구나. 시간은 이렇게 가go 오go 하는 게 인생이 아니겠니? 무엇보다도 시대의 흐름을 잘 읽어 모두 다 경제가 어렵다고 하는 시기임에도 졸업과 동시에 취업에 성공한 너에게 축하를 보낸다. 요즘 대학을 나와도 취업이 어려운 주위의 젊은이들의 삶을 보면 안타깝기 그지없다. 올해 어렵사리 취업에 성공했다는 어느 청년의 글은 "안녕들 하시냐길래, 올 한 해 내 삶을 되돌아봤어요"로 시작한 글을 읽었단다.

봄에는 학점을 따기 위해 공부만 했어도 B+밖에 못 받았고, 평점이 4.0이 넘었지만 학점 괴물들 탓에 장학금을 받지 못했다고 탄식했다. 여름에는 새벽 6시부터 학원에서 토익 공부를 했고, 가을에는 '진짜 나'는 하나도 들어 있지 않은 자기소개서를 쓰면서 푸줏간에 걸린 돼지고기가 된 것 같았다고 자학했다. 면접에 실패해 신생아처럼 우는데 들려온 "이 세상 살다

보면 슬픔보다 기쁨이 더 많다는 걸 알게 될 거야"라는 이문세의 노랫말은 그에게는 '터무니없이' 해맑게 들렸다니 우리는 제각기 자기의 입장에서 듣는게 아닐까?

일찌기 수도공고를 선택하여 자신의 길을 당당하게 가는 너를 보니 정말 대견스럽다. 네가 다닌 학교의 취업률이 올해 94%를 넘었다니 자랑스럽구나. 그러나 취업이 전부는 아니다. 이제 시작이다는 마음으로 세상에 나가기 바란다. 왜 많은 사람들이 그렇게 대학에 진학하기만을 고집하는지 의문이 들기도 할 것이다. 난 너처럼 발상을 바꾸고 방법을 찾으면 못할 게 없다고 생각한다. 올해 우리학교 졸업생 가운데도 전체 성적이 2%내에 드는 학생이 특성화 고교를 진학하였단다.

그러나 아직도 이 땅의 대다수 젊은이는 수능과 대기업 공채라는 '외길'에 갇혀 좌절하고 있다. 우리 나라 젊은이들 실력은 최고다. 25~34세 대졸 비율은 63%로 경제협력개발기구(OECD) 회원국 중 1위다. 영어 실력은 비영어권 1등, 수학은 세계 1위다. 하지만 전혀 행복하지 않다니 1위면 무슨 도움이 되겠니? 현대경제연구원 조사에서 행복한 20대는 절반(46.4%)이 안 됐다. 20대들의 걱정의 절반(53.2%)은 "일자리와 교육"이라고 한다. 한국의 청년 고용률은 40.4%로 OECD 평균(50.9%)에 한참 모지란다.

원인은 고학력에 따른 대기업 지원 쏠림, 지방 근무 기피 등에 따른 미스매치(구인 · 구직 불일치)다. 경기개발연구원은 미스매치에 의한 실업자를 40만 명으로 분석했다. 삼성경제연구소의 실업 손실 추정을 대입하면 장기적으로 약 30조원의 소득이 날아가고 있다. 청년단체인 청년유니온에 따르면 이력서 한 장을 쓰는 데 필요한 스펙 비용도 1인당 4269만원에 달한다니 이 돈은 누가 부담하고 있을까. 이렇게 해도 벽은 높다. 아직도 서울 신림동 고시촌에서 취업을 노리는 사람들이 많다. 4수중인 김모(29)씨는 학점 4.3점(4.5점 만점)에 토익은 900점에 육박한다. 그는 "그저 그런 기업에 갈 수 없다는 압박감에 접기가 어렵다"고 말했다.

1996년 대학자율화 이후 대학이 많이 설립되어 대졸자가 급증하면서 '대학 나왔으니 대기업에 가야 한다'는 도식적 사고에 모두가 갇혔기 때문이다. 이같은 문제에 대하여 정치인과 행정을 한 지도자들이 결국 책임을 져야하는데 지금 책임지는 정치인은 하나도 보이지 않는 형편이다.

이제 평생학습 시대를 대비하여 네가 정말 하고 싶은 공부가 무엇인가를 찾아보기 바란다. 그리고 그것에 집중적으로 투자하여 직장에서도 네가 없으면 안 된다는 상사의 말이 나올 수 있도록 자신을 잘 갈고 닦기를 바란다. 세상은 끊임없이 변하기에 학습하지 않고는 변하는 시대를 따라가기가 어렵기 때문이다. 이제 네가 하고 싶은 공부를 할 수 있으니 그렇게 지칠 필요도 없으니 얼마나 다행이니. 무엇보다 건강도 잘 챙기면서 삶의 여유를 만들어 가기 바란다.

승희야,
수능 내다보고 '3년치 계획'을

승희야, 이제 2014년 새해가 밝아 왔구나! 네가 중학교 1학년 때부터 준비한 고등학교에 합격한 것을 진심으로 축하한다. 특별히 다른 분위기에서 공부하겠다고 많은 친구들이 가는 학교와는 다른 학교를 택한 너의 용기에 찬사를 보낸다. 그러나 네가 그 학교에 가서 내신이 불리할까봐 걱정할 수도 있겠구나 하는 마음이 들었단다. 상당수의 학생들이 진학시에는 정보가 충분하지 않아 학교를 결정한 후 내신이 불리하니 그 학교를 그만두고 1년 후 다른 선택을 한 나의 선배들을 지켜 본 것 때문이다.

학교생활은 단순히 대학진학만을 위하여 수능준비만을 하도록 하는 곳이 아닌 공동체 생활을 통한 내신관리를 기본으로 하는 조직이라는 것을 기억하면 좋겠다. 그래서 예비 고1 학생들은 고등학교 내신 관리와 수능 준비는 물론 자신의 적성을 고려해 인문, 자연계의 진로도 결정해야 하기 때문에 우선 순위를 정해 준비해야 한다.

고1은 대학입시에서 뜻하는 결과를 이루기 위해서 초석을 다져야 하는 매우 중요한 시기이다. 따라서 예비 고1은 마음가짐부터 달라져야 한다. 고1이 되면서 3월, 6월, 9월, 11월에 모의고사가 실시되고 사이사이에 중간 · 기말고사가 있어 거의 매월 시험을 치르게 된다. 고등학교에 입학하기 전에 해야 할 가장 중요한 것은 자신의 중학 3년간의 학습방법을 냉철하게 돌아보고 '잘 아는 부분'과 '모르는 부분'을 구분하여, 부족한 부분의 학습을 확실하게 해 두는 것이다. 내신 대비를 위한 공부 방법과 수능까지 내다보는 장기적인 공부계획, 과목별 전략에 따른 시간 배분 등을 생각하면서 공부 계획을 수정해 나가야 한다.

첫째로 목표 설정과 평상시 공부 습관화이다. 고등학교의 공부는 중학교 때와 다르다. 중학교 때 성적이 좋은 학생이 고교 진학 후 성적이 떨어지는 경우가 많은데, 이는 중학교와 고교 시험의 차이를 알지 못하기 때문이다. 중학시험이 수업 내용을 정확히 이해했는지를 묻는 형성평가 중심이라면 고교시험은 서열화를 위한 평가시험이거나 작은 수능시험이라 할 수 있다. 시험 범위 지식만으로는 해결할 수 없는 부분이 생각보다 많아진다는 것을 알고 폭넓게 공부해야 한다. 따라서 고1 때부터 뚜렷한 목표를 설정하고 확실한 학습계획을 세워 기초를 튼튼히 다져야 대학입시에서 성공할 수 있다. 또 고등학생은 수능과 내신 공부를 병행해야 하기 때문에 1년 내내 꾸준히 공부하는 습관을 들여야 하므로 공부와 친해지는 시간을 가져야 한다.

둘째, 철저한 내신 관리는 기본이다. 고입에 비하여 대입에서의 내신 비중은 현격히 떨어진다. 정시모집은 수능 위주로 선발하고, 수시모집은 학생부 · 논술 위주로 선발하지만 상위권 대학에서 학생부의 실질 반영률은 10% 이하이기 때문이다. 그러나 내신 비중이 낮다고 하더라도 내신은 수능의 기초를 세워줄 수 있는 공부이기 때문에 등한시해서는 안된다. 특정 과목에 치중하지 말고 주요 과목(국 · 영 · 수 · 사/과)을 중심으로 공부계획을 세워 내신에 대비해야 한다. 평상시와 방학기간에는 수능대비 학습을 중심으로, 중간 · 기말고사 3~4주 전부터는 내신대비 학습에 주력해야 한다. 탐구영역은 고2 때부터 시작해도 되므로 내신기간에만 공부하고, 1학년 때에는 국 · 영 · 수를 중심으로 공부하는 것을 권한다. 국 · 영 · 수 내신 준비의 경우 국어는 중학교 3개 학년의 교과서를 정리하는 것으로 시작하는 것이 좋다. 중학 기본개념이 잘 정리돼 있으면 고교 공부에서 자신감을 발휘할 수 있기 때문이다. 고교입학 전까지 선행학습보다는 중학교 과정 총정리에 초점을 맞춰야 도움이 될 것이다.

셋째, 비교과 영역도 소홀히 할 수는 없는 분야이다. 학생부는 교과와 비교과로 구분되는데, 흔히 내신이라 하면 교과 성적을 얘기한다. 그러나 최근 입학사정관에서는 각종 내회 수상기록, 출결, 봉사활동, 어학시험 성적, 학생회 활동 등 비교과 부분이 중요해지고 있으므로 비교과 영역도 관리해야 한다.

보통 고교 1~2학년 때는 비교과를 준비하고, 3학년 때 서류 평가 준비

및 비교과 내역에 대한 관리를 하는 것이 좋다. 선호되는 비교과인 텝스를 비롯한 각종 어학능력시험은 문과에 진학하고자 하는 학생들에게 유리하다.

주요 대학들이 수시모집에서 글로벌 전형이나 어학 특기자 전형을 통해 상당수의 학생을 선발하기 때문이다. 이과의 경우에는 수학 · 과학 경시대회를 통해 특기자 전형에 응시하면 유리하다. 경시대회를 준비하는 학생들은 겨울방학 동안에 개념 학습과 더불어 기출문제를 철저히 파악해야 한다. 다만 주의할 점은 비교과 영역을 준비하는 데 따로 엄청난 시간을 할애해선 안 된다는 것이다. 봉사활동이나 독서, 체험활동 등 평소 짬짬이 할 수 있는 방식으로 준비하는 것이 현명하다. 그리고 교과목별 과목 학습 전략을 항상 머리에 생각하면서 추진한다면 결코 후회함이 없는 고교생활을 할 수 있을 것으로 믿는다. 너의 선택이 결코 틀리지 않았다는 것을 나에게도 보여줄 수 있기를 바라면서 이만 줄인다.

아름아,
인생은 커뮤니케이션이다

아름아, 벌써 네가 고등학교를 졸업하였구나! 세월은 참 빠르다. 의젓하게 직장에서 일하는 모습을 네 친구들이 본다면 부러워하겠지. 앞으로 첫 출발한 너의 직장에서 너의 꿈을 이룰 수 있는 기초가 무엇인가 생각해 보는 것도 필요할 것 같구나. 우리 인생은 세상에 태어나 각자가 자기의 삶을 살아가는데, 이를 달리 표현하면 비즈니스를 하는 것에 비유할 수도 있을 것이다. "비즈니스는 커뮤니케이션이고 인생도 커뮤니케이션이다."라는 말이 있다. 이것을 잘 하기 위해서는 스스로 갖추어야 할 것이 있다. 그것은 바로 '마음자세' 가 아닐까? 마음 자세는 마음 공부에서 시작한다.

가끔 공사장을 지나다보면 건물을 지을 때 지하층을 깊이 파는 작업을 볼 때가 있다. 어떤 건물은 지하층 공사만 1년씩 하는 것을 보면 '거 참, 시간도 많이 걸린다.'라는 생각을 한다. 나중에 보면 지하층 공사가 끝난 후에 건물이 올라가는 속도가 엄청나게 빠르다. 사회에서 성공한 사람들이

나, 성공을 향해서 가는 사람들이 가장 중요하게 여기는 기초공사인데 이는 바로 마음자세에 대한 공사에 해당한다. 이 마음 자세를 제대로 가지고 있지 않으면 아무리 말을 많이 하더라도 상대방과의 커뮤니케이션이 잘 되지 않는다.

커뮤니케이션에는 몇 가지 중요한 포인트가 있다. 첫 번째는 진실해야 한다. 사람들을 사귀고 대화를 나눌 때 가식이 있으면 상대방은 눈치를 챈다. 강아지를 길러 본 사람은 다 알고 있을 것이다. 주인이 화가 나 있으면 강아지가 제일 먼저 안다. 기분이 좋으면 강아지도 편안하게 다가와 무릎에 앉는다. 하물며 강아지도 아는데, 사람이 상대방을 보면 상대방이 어떤 상태인지 못 느낄까?

상대방이 지금 거짓말을 하고 있는지, 진실하지 않은지, 눈이나 얼굴표정으로 나타날 수 있다. 그렇다면 그런 커뮤니케이션은 백 번 하더라도 오히려 역효과가 날 가능성이 높다. 따라서 진실하게 변하려는 노력을 하지 않으면 아무리 커뮤니케이션을 많이 하더라도 효율성은 올라가지 않게 될 것이다. 그래서 자기반성과 자기 다짐을 끊임없이 하는 게 중요하다.

두 번째는 겸손이다. 옛말에 '벼는 익을수록 고개를 숙인다'고 하였다. 실제로 사회생활을 할 때 건방진 사람을 만나게 될 때가 많다. 특히, 조금 성공을 했지만 자신의 발등을 도끼로 찍고 다니는 사람들을 주변에서 많이 보게 된다. 나도 혹시 그렇지 않나 해서 매일 되돌아 보는 반성의 시간을 갖는 이유가 여기에 있다. 성공한 사람일수록, 성공의 길을 가고 있는 사람일수록 자신을 겸손하게 낮출 수 있도록 노력이 필요하다.

세 번째는 능력이 많을수록 소통이 쉬워진 것을 발견하게 된다. 아는게 없으면 소통할 거리가 적다. 그래서 자신이 일하는 계통에서 경쟁력을 높이고 세상 돌아가는 것에 대해서 관심을 가지며 책이나 오디오북, 비디오북을 통해서 많은 것을 접할 수 있도록 노력해야 한다. 진실하고 겸손하며 큰 사람이 되기 위해 노력하면서 커뮤니케이션을 하는 사람과 가식적이고 거만하며 있는 것은 별로 없으면서 그것을 부풀려서 얘기하는 사람과는 커뮤니케이션의 효율성이 다를 수밖에 없다.

따라서 우리가 지향해야 할 것은 마음 자세를 가다듬는 것이고, 그것으로부터 성공은 출발하는 것이 아닌가 생각한다. 우리의 마음을 늘 갈고닦고, 보다 진실하고 겸손하며 경쟁력 있는 삶이 될 수 있도록 하루하루를 열심히 사는 것이 성공에 다가가는 길이라 믿는다. 하루 일과를 마치면서 가장 즐거웠던 시간과 힘들었던 시간을 되돌아보면서 삶에 대한 성찰을 내일의 삶으로 연결한다면 분명히 행복한 삶이 너에게 다가 올 것이라 믿으면서 이만 줄인다.

소영아,
이제 시작이다

소영아, 스스로 한 약속에 관하여 의지가 너무 약하다는 네 말에 교장 선생님도 공감이 간다. 누구에게나 어려움이 있는데 이때 이겨낼 수 있는 힘은 의지력이라도 믿는다. 그런데 의지력은 한 마디로 실천하여야 만들어지는 힘이라고 난 생각한다. 이는 마치 운동을 해야 근육이 붙는 것처럼 말이다.

세상에는 의지력으로 어려움을 극복한 사람들이 많지만 특히 2014학년도 서울대 법학전문대학원(로스쿨) 특별전형에 합격한 강보라씨(29) – 두 다리를 못 쓰는 1급 지체장애인 – 이야기를 들려주고 싶다. 서울대 로스쿨 사회적 배려대상자 특별전형에 장애인이 합격한 것은 이번이 처음이라고 한다.

강씨는 합격 소감을 묻자 "그동안 로스쿨 준비에 매진하느라 보지 못했던 '미드'(미국 드라마)를 실컷 보며 여유를 찾고 있다"며 "나보다 훨씬 더 어려운 처지에 있는 장애인의 인권을 돌보는 변호사가 되고 싶다. 이제 시작이다"라고 말했다.

강씨는 5살 때 사고로 두 다리가 마비됐다. 강씨의 어머니는 "장애를 가졌더라도 다른 사람과 똑같이 살 수 있다"며 강씨를 늘 격려했다. 딸은 엄마의 말씀을 순종으로 받아들였다. 대기업 법무팀에서 일했던 아버지는 강씨가 중학생 시절 법원에 데려가곤 했다. 강씨는 법원에서 재판을 방청하며 법조인의 꿈을 키웠다. 강씨는 2004년 재수 끝에 서울대 법대에 입학했다.

장애를 가진 강씨에게는 매사가 도전이었다. 사법시험을 준비하면서 학원에 다닐 때는 강의실 문이 작아 휠체어가 다닐 수 없다고 학원 측에 말하자 "그럼 학원에 오지 말고 집에서 인터넷 강의를 수강하라"는 답이 돌아와 당혹스러운 적도 있었다니 장애인에 대한 보이지 않는 차별이 여전히 존재하고 있음을 느꼈지. 그 일이 강씨로 하여금 법률 조항만으로는 장애인을 배려하는 환경을 만드는 데 충분하지 않다고 생각하게 하였고 전반적인 장애인 인권에 관심을 기울이는 계기가 됐다.

그런 강씨에게 2007년 서울 관악구의 한 장애인 시민단체에서 봉사활동을 한 경험은 중요한 계기가 됐다. 강씨는 "고등교육을 받은 나와는 달리 사회에서 완전히 소외된 다른 장애인들을 만나며 느낀 게 많았다"고 말했다. 강씨는 로스쿨 준비를 시작하면서부터 인권변호사의 길을 걷겠다고 생각했다고 한다. 그러면서 그는 "현재 어려운 환경에서 사명감만으로 버

티는 인권변호사가 많은데 보다 안정적으로 일할 수 있는 지속가능한 인권변호사 모델을 만들어보고 싶다"고 뜻을 밝혔다.

네 꿈이 확실히 무엇인지는 모르겠지만 앞으로 몇 번의 만남을 통하여 너에게 자료를 제공하여 주고 싶다. 어느 철학자의 말처럼 꿀벌은 밀랍으로 자기 세계를 만들지만 인간은 말로써, 자기가 만든 개념들로써 자기 삶을 만들고 세계를 짓는 다고 한다. 우리가 가진 말들, 우리가 가진 개념들이 우리의 삶이고 우리의 세계가 아니겠니? 삶을 변화시키고 세계를 바꾸는 일은 항상 우리 말과 개념을 바꾸는 일에서 시작하고 있다. 우리가 살아가면서 배움을 강조하는데 우리의 배움과 깨우침이 거기서 시작하고 거기서 나타난다.

이제 시작이라는 말이 미래를 밝힐 등불이 되는 것처럼 너도 네 나름의 언어를 만들고 그것을 꼭 붙들 수 있기를 바란다. 그러면 네가 나와 약속한 것을 분명히 이룰 수 있으리라 믿는다.

지은아,
넌 시간 관리 달인이구나

지은아, 난 내가 2010년부터 현재까지 여중에서 만나 관찰한 학생 가운데 가장 철저하게 시간 관리를 잘 하고 있는 학생이라 생각한다. 너의 방법을 다른 친구들에게도 전하여 실행하게 한다면 지금보다는 훨씬 미래의 삶이 달라질 것이라 믿는다. 너도 나름대로 잘 정리할 것으로 믿는다만 같이 공유할 수 있다면 좋겠다는 생각에서 몇 자 적어 본다. 시간 관리의 핵심은 첫째, 시간의 중요성을 아는 것이고, 둘째, 그에 따른 계획을 잘 세우는 일이다. 특히 수업시간의 소중함을 깨달아야 하고, 여러 학원에 다니면서 시간을 낭비하지 않아야 한다. 계획에는 주간계획, 일일계획, 시험계획, 방학계획이 있다. 우선 시간의 중요성부터 시작하자.

시간의 의미와 중요성을 인식하지 못한 상태에서는 시간을 유용하게 사용하기 어렵다. 시간을 스스로 계획하고 관리하는 일은 더더욱 어렵다. 그저 엄마가 등록해 놓은 학원에 다니고, 학원에서 시키는 숙제만 마지못해

할 뿐이라면 그 학생에게선 희망을 찾기 어렵다. 학생들이 변명할 때 시간이 부족하다는 말을 많이 한다. 하지만 시간이 부족한 것이 아니라 시간 관리를 잘못한 것이다.

시간 관리를 잘하는 학생들의 8가지 특징은 ① 좋아하는 일이 있다: 공부하면서도 틈틈이 자신이 좋아하는 일을 한다. 좋아하는 일이 공부 자체를 즐기는 일일 수도 있지만, 블로그를 운영하는 일일 수도 있고, 실험이나 관찰일 수도 있고, 관심 있는 책을 보는 일일 수도 있다. 아니면 탁구, 음악, 글쓰기 등 다양하다. 무엇이든 내가 좋아하는 일이 있다는 것은 행복감과 자신감을 심어준다. ② 학원 선택은 내가 한다: 엄마가 선택한 학원에 끌려 다니는 것이 아니라 내가 무슨 과목이 부족한지 알고 필요한 과목만 듣는다. 또는 학원을 정리하고 혼자서 공부하겠다는 의지도 내본다. 인터넷강의 선택도 마찬가지다.

③ 먼저 해야 할 일을 한다: 해야 할 일을 먼저 한 다음에 논다. 예를 들면 복습하기라든가 시험이 끝난 날에 틀린 문제 분석하기 등이다. ④ 1시간에 끝낼 공부는 꼭 1시간 안에 끝낸다: 공부를 하면서 잡생각, 빈둥대기, 왔다 갔다 하기 등으로 시간을 낭비하지 않는다. 최대한 집중해서 제 시간에 목표한 양을 끝낸다. ⑤ 책임감이 강하다는 말을 듣는다: 학생의 본분이 공부라고 생각하면서 미래를 위해 성실하게 공부한다. 생활에서 공부가 중심이다. ⑥ 계획표를 만들어 공부한다: 그때 그때 생각나는 대로 공부하는 것이 아니라, 계획을 세워 공부한다.

⑦ 틀린 문제를 철저히 분석한다: 문제를 해결하는데 3분이 걸렸다면 틀린 문제를 분석하는 데는 30분을 투자한다. 또한 문제를 풀면서 하나의 과정과 방법으로만 푸는 것이 아니라 다른 방법이 없는지 생각한다. ⑧ 공부하면서 초시계를 사용하기도 한다: 문제를 풀면서 초시계를 사용하면 시간의 중요성을 인식할 수 있다. 이렇게 시간의 소중함을 깨달으면 공부습관의 2단계 문이 열린다. 그리고 시간을 잘 활용하면 원하는 목표에 다가갈 수 있다.

아직도 철없이 너무나 철없이 놀기만 하는 아이들에게 좀 더 가까이 다가가 도움을 줄 수 있기를 기대한다. 왜냐하면 지식 중심의 사회가 되고 있는데 이에 대한 대비가 부족하면 언젠가는 큰 피해를 당하기 때문이다. 그때는 이미 늦은 게 아니겠니? 그때 그랬더라면 하는 후회는 쓸데없는 것이 되어버리니까 말이다. 이제 이런 분위를 바꿔가는 네가 될 수 있기를 기대하여 본다.

승희야,
공부의 의미 찾아 보기를

승희야, 이제 네가 마음을 잘 잡고 공부하는 모습이 아름답구나. 아마 네 주변의 친구들도 너의 변한 모습을 보고 의아해 하지는 않는지? 벌써 3학년이 되어 진학을 마음 속으로 고민하고 있으리라 생각된다. 너도 이제 지나간 시간을 반성하고 진학할 학교가 어디인가를 조사하고 있겠지? 네가 정한 목표에 도달하기 위해서는 올 1학기에 최선을 다한다면 가능하리라 믿는다.

날이 갈수록 양극화 되는 사회를 보면서 무엇을 어떻게 하여야 할지 많이 걱정이 되기도 한다. 잘 되는 사람은 계속 잘되고, 안 되는 사람은 계속 안 되는 세상이 아닐는지! 그런데 사람들은 경제적인 양극화만 걱정하는 모양이다. 그러나 그보다 더 걱정은 뇌의 양극화라고 생각한다. 돈을 벌고 성공한 사람들을 생각하여 본 적이 있는지? 참고로 빌게이츠가 쓴 '생각주간'을 추천한다.

가장 두드러진 점은 말이 유창하고 논리적이며, 유머러스하고 설득력이 있는 사람이 많다. 또, 행동도 민첩하고, 상황판단이 빠르다. 얼굴에는 윤기가 흐르고 자신감이 넘치기도 하지. 이러한 결과는 그만큼 뇌가 활성화되어 있다는 뜻이다.

전문적인 일을 하는 사람일수록 공부를 더 많이 하게 되고 그만큼 뇌도 더 활성화되기 마련이지. 뇌를 많이 쓰면 경쟁력도 생기고, 성공하게 되리라 믿는다. 하지만 세상에는 그렇지 못한 사람도 많은데 이는 뇌가 가난하기 때문이다. 뇌의 양극화가 경제적 양극화, 결국은 사회적 양극화를 만들어 간다는 사실이다.

무엇보다 공부의 의미를 찾는 일은 삶의 의미를 찾는 일과 밀접하다고 생각한다. 그러기 위해서는 뇌가 충실해야 한다. 뇌가 가난하면 사는 형편도 가난해질 가능성이 높아질 것이다. 형편이 좋아야 남도 돌보고 인간관계도 부드러워질 텐데, 그렇지 못하면 우울한 시간을 보내게 될 가능성이 높다. 그렇다면 방법은? 형편이 어려워도 공부를 하는 수밖에 없다. 지금부터라도 너도 실력을 차곡차곡 쌓아 나중에는 관계를 역전시켜야 네가 희망하는 학교에 들어갈 수 있다는 것이지.

그러니 지독하게 공부하면 문이 열릴 것이다. 치열하게 살아본 사람, 독하게 해 본 사람만이 인생을 즐길 자격이 있다. 공부로 창조적 인재, 즉 창재가 되어야 불확실한 세상에 살아남을 수 있다는 이야기도 있다. 창재가 되려면 어떻게 공부해야 하는지도 알아 네 삶에 적용한다면 문제는 해결

될 것이다. 이제 남은 건 너의 마음이다. 그러나 마음먹는 것과 실천으로 옮기는 것은 쉽지 않다는 것을 마음에 꼭 새겨두기 바란다. 우리 인간은 작심삼일을 극복하는 게 얼마나 어려운지 알고 있겠지? 그래서 마지막으로 부탁한다. 공부의 의미를 이번 기회에 꼭 찾아 네 꿈을 이루어 웃는 모습으로 이 학교를 졸업할 수 있기 바란다.

최고의 시간

순간이 순간을 지나 끝없이 흘러갑니다. 순간마다 무엇을 해야 하는지를 알고 그 일을 하고 있다면 그 시간이 최고의 시간입니다. 그런 상태가 계속된다면, 시간이 흘러도 불안하거나 아쉽지 않을 것입니다.

지금 해야 할 일은 우리 마음이 누구보다 잘 알고 있습니다.

싫어도 마음이 하라는 일을 하고, 미루고 싶어도 마음이 하라면 지금 하십시오. 마음이 멈추라고 하면 멈추고 돌아서라고 하면 미련 없이 돌아서십시오. 그러다 보면 삶이 차츰 자유로워지고 즐거워집니다.

거창한 것들이 모인다고 삶이 행복해지지 않습니다.

작은 순간들의 기쁨이 모여 행복한 인생이 됩니다.

은희야,
오늘은 '세계 책의 날'이다

은희야, 오늘은 유네스코가 지정한 '세계 책의 날(정식 명칭 : 세계 책과 저작권의 날 · World Book& Copyright Day)'이다. 스페인 · 프랑스 · 노르웨이 · 영국 · 일본 등 전 세계 80여개 국가에서 이날을 기념하고 있다. 스페인의 '세인트 조지 축제일'과 셰익스피어 · 세르반테스의 사망일에서 유래한 이날은 독서 인구가 감소하는 상황에서 책의 중요성을 강조하고 독서 증진에 힘쓰고자 1995년 제정됐다. 우리나라에서는 2002년부터 '책의 날'을 기념하고 있나.

특히 올해부터는 정부, 출판계, 도서관, 독서단체가 함께 범국민적인 행사로 확대된다. 문화체육관광부는 서울 종로구 청계천 광장과 청계천로에서 '2014 세계 책의 날 기념 책과 장미가 흐르는 청계천 &책드림 콘서트'를 개최한다. 작가와의 대담 및 사인회, 한국의 그림책 전시, 그림작가 현장 드로잉 전시, 체험 프로그램 등을 진행한다.

책이란 과거와 현재 왕래하면서 시간의 제약을 받지 않고 고인들과의 대화도 가능하고…. 가장 좋은 친구를 사귀는 기분이 들 때가 있다. 그래서 오늘은 한 독서가를 소개하고자 한다. 내가 아는 이기대씨는 전형적인 '책벌레'였다. 그는 20대부터 한의원 약제사, 초 · 중 · 고교 과외선생, 통역가이드, 중국소설 번역가 등 다양한 직업을 거쳐 공무원이 됐다.

어린 시절 가난해서 책을 사볼 돈이 없었던 그는 학교 도서관에 파묻혀 살았다. 중학생 시절부터 '나는 누구인가'에 대한 물음이 끊이지 않았다고 한다. "독서의 흐름이 그렇더라고요. 동화, 소설, 철학, 종교서적 등으로 이어지면서 심층적인 영역에 관심이 생기게 되는 순간이 오죠." 중학교 1,2학년 때 이미 〈죄와 벌〉 〈테스〉 〈주홍글씨〉 〈부활〉등 고전소설을 즐겨 읽고 쇼펜하우어의 〈자살론〉, 〈니체 전집〉, 칸트의 〈순수이성비판〉, 〈실천이성비판〉등을 섭렵했다. "이미 그때부터 철학적인 마음의 갈구가 심화된 상태였던 것 같아요."

고등학생 때부터는 유교 경전과 도교 경전을 탐독했다. 책은 모이고 쌓였다. 집안 책장으로 안 돼서 방까지 차고 넘치던 책은 빨래를 널 수도 없을 정도로 가득 찼다. 그는 결국 2000년 12월 4톤 트럭에 1만권을 채워 충북 진천의 이삿짐 보관센터창고로 보낸 뒤 14년째 보관료를 물고 있다니 얼마나 그가 책과 함께 사는가를 알 수 있다. 그의 탐독은 자연스레 외국어의 필요성을 느끼게 했다. 그는 중국어, 영어, 히브리어에 능통하다. 모두 원문을 읽기 위해서다. "원문으로 읽어서 느끼는 감동은 번역본과는 비교도 안 된다"고 말했다. 〈탈무드〉 전질도 심층적으로 읽기 위해 원문으로 공부했다니 독서광을 넘어선 감이 없지 않다.

그런가 하면 성서만 수백 번 이상 읽었다. 그가 펼친 성경은 닳고 닳아 책장을 살짝만 잘못 넘겨도 찢어질 것 같았다. 누렇게 바랜 종이는 붉은 줄과 메모로 가득했다. "미칠 정도로 봤습니다. 완전히 몰입하지 않으면 안 되더라고요. 호흡을 하면 안 되는 것과도 같았지요." 그는 독서도 그런 몰입의 일종이라고 했다. "독서를 어느 방에서 하느냐는 중요하지 않아요. 모든 책은 세계와 연결돼 있으니까요. 모든 인간은 궁극적으로 진리를 추구하게 돼요. 철학적인 용어로는 지혜라고 하지요. 어떻게 보면 문제의 해결점은 지혜에 있어요. 지혜를 통해 깨달음을 얻게 되니까요."이 씨에게 종교는 삶이다. 토라에 나오는 법은 매우 엄격하다. 몸, 음식, 교육 등 삶의 전반에 관련한 지침이 들어 있다. 토라에서는 채소, 과일 등의 곡식만 먹도록 하고 육식을 금한다. 술도 그렇다. 흙, 산성으로 된 몸에 산성인 술을 부으면 신과 멀어지게 된다. 토라의 가르침대로 사는 것은 그의 꿈이기도 하다.

"신의 자비와 사랑을 닮고 싶은 것이죠. 인간으로서 우리가 세상에 유익을 베푸는 것만큼 훌륭한 것은 없으니까요." 그가 탐구하는 영역은 철학의 깊이를 뛰어넘은 지 오래인 듯했다. 과거에 머무를 것만 같은 그의 꿈은 누구보다 앞서 있고 원대해 보였다. 앞으로 너도 큰 꿈을 갖고 도전하여 보길 권한다.

교장선생님, 안녕하세요?

제자 은희입니다.^^

댓글을 이제서야 다네요..

책을 읽으면 사고력과 창의력이 높아집니다.

책을 무조건 많이 읽는다고 사고력과 창의력이 높아지는 것은 아니죠. 같은 책을 읽어도 얼마나 깊이 있게 이해하느냐에 따라 차이가 생긴다고 합니다. '이기대'선생님은 책을 진심으로 좋아하고 심독을 즐겨하신 것 같습니다.

사실, 책을 읽기위해 다른 언어를 배우는데 시간을 쓰는 것은 쉬운 일이 아닌데 말이죠. 아인슈타인, 뉴턴등과 같이 훌륭한 인물들, 그리고 독서광들은 모두 번역본이 아닌 진짜 원본으로 읽기위하여 외국어를 배웠다고 합니다. 아직까지도 그런 사람이 있다니 대단합니다.

문득 이런 생각이 들었습니다.

사람이 사람을 만든다는 생각 말입니다. 사람이 지은 책을 누군가가 읽고 빠져들고, 그 책의 영향을 받게 되니까요. 책을 통해 사람은 깨닫고 상상하고 배우게 됩니다.

하지만 실천이 가장 중요한 단계고 포인트라 생각합니다.

아무리 좋은 책을 읽고 깨달았다 한들 실천을 하지 않다면 헛수고겠지요. 마치 계획을 세우고 실천을 하지 않는 것처럼 말입니다.

사실 저는 '이기대'선생님처럼 책이 닳도록 읽지 않습니다. 지식적인 책보다는 문학책을 즐겨봅니다.

지식적인 책은 좀 건성건성 읽는 편입니다. 그래서 그런지 아는 것이 나와도 흐릿한 정보만 떠올라서 속만 괜히 답답해집니다. 괜스레 속이 상해서 성질만 잔뜩 버리지요.

'앞으론 지식적인 책만 골라 읽을테다!'라고 다짐 한것은 정말이지 삼일도 체 안갑니다.

요즘 독서를 사실 게을리 한 것 같습니다. 친구들과 어울리다보니 좋지 않은 점도 닮아가는 것 같아 가끔씩 보면 제가 한심스러워집니다.

독서를 할 때면 제 주관이 뚜렷해져서 휘둘리지 않는데,, 독서를 게을리 하니 주관이 불투명해진 느낌입니다.

그리고 어떤 방향으로 나아가야 할 것인지에 대한 목표의식 또한 흐릿해진 것 같습니다.

앞으론 '이기대'선생님처럼 책을 심독하겠습니다.

초심을 다잡고 다시 시작해야지요, 100살까지를 기준으로 잡았을 때, 아직 공부 할 수 있는 날이 85년이나 남았으니까요.

저도 한 번 책을 책장이 너덜너덜할 정도로 읽어보겠습니다. 물론 책장만 넘기겠다는 것은 아니구요.

친구들과는 어울리되 선을 긋고 넘지 않겠습니다. 가르쳐주셔서 감사합니다.

첫 출발인 월요일을 기분 좋게 시작하셨으면 좋겠네요.

항상 감사드립니다.^^

주희야,
성공의 기준은 열정과 능력이다

주희야, 이번에 너를 비롯하여 지연이, 수연이가 학교도 다른 어린 2학년 동생들과 함께 경험한 창의력 챔피언 대회에 나가 전남지역 예선에서 금상을 차지한 것을 진심으로 축하한다. 넌 이번 기회를 통하여 무엇보다 인간이 모두 다르며 각기 특성이 있다는 사실을 몸으로 깨달았기에 이런 지식이 앞으로 너의 삶에 좋은 바탕이 될 것으로 교장 선생님은 믿는다.

오늘은 너에게 도움이 될까 생각하여 '구글러(구글 직원)'가 된 한 사람을 소개하고자 한다. 구글은 세계인들이 들어가고 싶어 한 꿈의 기업이기도 하지 이런 기업에서 일하는 그는 미국 마운틴뷰 구글 본사에서 일하는 이준영(43) 검색 매니저의 얘기이다.

그는 경남 김해에서 태어난 자칭 '시골러'는 초등학교 5학년 때에 마산으로 전학 가 중 · 고등학교를 졸업했다. 대학은 집에서 가까운 부산에서 다녔다. 유학도 가지 않은 토종 한국인으로는 처음 구글 본사에서 일하는 구글러가 된 그는 "11년째 구글에서 일하는 것은 열심히 공부한 덕분"이라고 강조했나. 구글에서는 팀 단위로 움직이는데, 한 사람의 역량이 부족하면 바로 팀 업무에 차질을 빚을 수 있다. 그래서 "많은 독서와 대화를 통해 새로운 기술 트렌드를 남들보다 한발 앞서 읽어 내야만 인정받을 수 있다"는 것이다.

그가 꼽는 구글의 매력은 스펙 대신 열정과 능력이 성공의 기준이 된다는 것이다. 이 매니저는 "구글에선 면접을 볼 때 출신 학교를 물어보는 사람이 아무도 없다"고 소개했다. 면접도 인사팀이 아니라 실무팀에서 주관할 정도로 실력과 열정을 중시한다는 것이다. 그는 "스펙에 연연하지 말고 자신만의 장점을 키운다면 좋은 대학을 나오지 않아도 얼마든지 구글에 입사할 수 있을 것"이라고 조언했다. 구글 검색팀에는 이 매니저 외에도 이동휘(38) · 최성철(32) 검색 엔지니어, 석인혁(39) 품질분석가 등 한국인 직원이 함께 일하고 있다니 참 자랑스런 젊은이들이라 생각한다.

이들이 꼽는 구글의 힘은 개방성과 자율성이다. 석 분석가는 "직원 모두가 자신의 생각을 공개하고 다양한 의견을 편하게 받아들이는 데 익숙해져 있다"며 "다양성을 존중하면서 협력을 중시하는 것이 구글의 조직문화"라고 자랑을 했다. 최 엔지니어는 "구글에서는 인종이나 국적 · 성별 · 경력 등에 대한 차별이 전혀 없다"며, 면접 때 출신학교 물어보는 사람 없었으며, 그래서 "구글에서 일하는 한국인 직원이 몇 명인지도 알기 어려울 지경"이라고 전했다.

그러나 겉에서 보는 구글과 안에서 느끼는 구글은 온도 차가 있다고 이들은 입을 모은다. 언뜻 보면 느슨한 회사처럼 보이지만 자율성 안에 책임감과 치열함이 녹아 있다는 것이다. 이 엔지니어는 "자율을 주는 것은 시간 관리를 잘해 일의 효율성을 높이라는 의미지 편안히 일하라는 뜻이 아니다"며, "동료 평가를 기반으로 거취가 결정되기 때문에 열심히 일해야 하고, 그러지 않으면 남아 있을 수 없는 곳"이라고 강조했다.

앞으로 고교 진학을 앞두고 어느 학교에 갈까를 고민하고 있겠지만 네가 작년에 이어 올해 창의력 대회에 나간 열정으로 공부를 지속한다면 넌 성공하는 인생을 거둘 수 있을 것으로 믿는다. 공부는 누가 시켜서 하는 것이 아닌 스스로 하여 만족감과 자긍심을 갖게 될 때는 많은 시간을 공부하여도 피곤하지 않았음을 나도 느낄 수 있었다. 무엇보다 뚜렷한 목표 의식을 잃기 말기 바라면서 네 꿈이 이루어지기를!

선영아,
6월의 마지막 날에 보낸다

선영아, 2014년 6월도 오늘이 마지막이구나. 모든 게 시작이 있으니 끝이 있는 게 아니겠니? 이 지구상에는 다양한 민족들이 사는데 그 가운데 유태인은 대단한 민족이라고 할 수 없었다. 왜냐하면 분열돼 싸우다 자기들이 살던 땅에서 쫓겨났다. 그런가 하면 히틀러에게 마치 짐승같이 도살당하면서도 제대로 저항 한번 못했다. 그런 민족이 이제 인구 대비로 세계 평균의 100배에 이르는 노벨상을 타고 있단다. 매년 창업 기업의 수는 유럽 전체보다 많으며, 미국 내 유태인 1인당 소득은 우리의 20배 안팎이다.

이와 같은 힘은 만들어 낸 것이 바로 유태인식 교육이라고 한다. 이들을 이렇게 변모시켰다는 것은 널리 알려진 얘기이지만, 그 교육 중 특이한 한 부분에 계속 마음이 간 것은 현충일이었던 지난 6일 미얀마에서 아웅산 순국 사절 추모비 제막식에 다녀온 사람의 이야기를 듣고 나서이다. 1983년 아웅산 묘역에서 북한의 테러 공격으로 우리나라 부총리 이하 각료와 수

행원 등 17명이 숨지는 사건이 있었단다. 세계 외교사에 없었던 충격적 사태인데도 금세 잊혀지고 있는 것 같아 마음이 아프기도 하단다. 젊은 세대는 '아웅산'이 뭔지도 제대로 모른다. 이런 우리와는 정반대인 것이 유태인 교육이다.

이스라엘 학생 대부분이 고교를 졸업하기 전에 나치의 유태인 수용소를 방문한다고 한다. 관광객이 아닌 유태인 학생들에겐 온몸이 떨리는 공포이고 이루 말할 수 없는 수치의 장소이다. 그렇지만 그들의 선대가 어떤 일을 겪었는가를 체험하도록 어른들이 교육하기 때문이다. 그 충격 속에서 많은 학생이 울음을 터뜨린다고 한다. 후유증을 겪는 학생도 적지 않다는 것이다. 그래도 유태인 부모들은 자식을 그 수용소에 보낸 이유는 그 경험을 통해 아이가 정신적으로 성숙할 수 있다고 믿기 때문이다. 아이가 제 민족이 어떤 잘못으로 무슨 고난을 당했는지 뼈저리게 느끼고 반성하게 된다면 인생을 바꿀 수 있다고 생각하기 때문이지.

이스라엘의 마사다 언덕은 2000년 전 유태인 저항군의 요새로 로마군에 함락되기 직전 1000명 가까운 사람이 모두 자결한 곳이다. 거기서 젊은 남녀 병사들이 서로 어깨동무를 한 채 원을 그리고 무언가를 다짐하는 모습이 남아 있다. 세계 최강인 이스라엘군의 용맹은 '다시는 함락되지 않으리.'이 말을 되뇌이며 유태인 수용소와 마사다에서 길러진 것이 아닐까? 미국에 사는 유태인들도 자식들을 마사다에 보낸다고 하는구나. 이유는 하나, 수난과 고통의 역사를 몸으로 느끼고 정신적으로 성숙하라는 것이다.

'공부하는 힘'을 쓴 황농문 서울대 교수는 "사무치는 경험으로 철이 든 아이는 다른 아이들과는 전혀 다른 행동을 한다"고 했다. 수재와 둔재는 누가 먼저 철이 들었느냐의 차이라고도 했다. 나라도 다르지 않다고 생각한다. 과거의 잘못을 가르치고 배워서 철이 든 나라는 그렇지 못한 나라와 완전히 다른 길을 가게 된다.

8 · 15는 우리에게 경축일이지만, 일본엔 패망일이다. 일본인들은 세계가 비난하는데도 8 · 15에 야스쿠니 신사를 참배한다. 말은 하지 않아도 '8 · 15를 잊지 말자'는 것이라 생각한다. 당연히 우리에게도 일본에 당한 패망일이 있다. 8 · 29다. 황후가 궁궐에서 외국 깡패들에게 능욕당하고 죽임을 당한 날(10 · 8)을 기억하는 국민은 얼마나 되는가. 불행히도 5년 정도 세월이 흐르면 세월호 사건도 다 잊혀질까 걱정이 된다. 성수대교, 삼풍백화점, 대구 지하철 화재, 서해 훼리호 모두가 그랬다. 수난과 고통, 수치의 역사를 가르치지 않는 민족은 반드시 그 역사를 되풀이한다.

'내 무덤 앞에서 울지 말라. 나는 거기에 없다. 나는 잠들지 않는다. 나는 이제 바람, 햇빛, 빗물이다….' 윤병세 외교장관이 아웅산 추모비 추도사에서 인용한 옛 시의 원문이다. 추모비 틈 너머의 햇빛과 빗방울과 바람이 '국민 여러분, 우리는 잠들지 않았습니다' 하고 답하는 것은 아닐까.

우리는 잠들지 않아야 한다. 우리에겐 많은 성취가 있었으나 수난과 수치도 너무나 많았다. 수난의 역사, 고통의 역사가 바람, 햇빛, 빗물처럼 언제나 우리 곁에서 우리를 지켜보게 해야 한다. 상대를 영원히 증오하자는 것이 아니다. 언제까지나 자학하고 자괴하자는 것도 아니다. 우리 아이들과 후손들이 그 속에서 국민으로서, 한 인간으로서 성숙하게 하자는 것이다. 그런 각성으로 나라가 진정으로 철이 들게 되면 오욕의 역사는 더 이상 되풀이되지 않는다. 유태인 못지않은 비약도 절대 불가능하지 않다고 믿는다.

많은 분들의 집념으로 31년 만에 아웅산 현장에 세워진 추모비는 쉽게 망각하는 우리 습성에 비춰볼 때 정말 이례적인 사건이었다. 이 추모비가 '망각하는 한국인, 그래서 또 당하는 한국인'을 거부하는 상징이 됐으면 좋겠다. 6월은 우리에게 견디기 힘들었던 아픈 사건이 있었다. 아무런 준비 없이 침공당해 전 국토가 파괴되고 남한에서만 수십만 명이 죽어야 했다. 막을 힘이 없고 준비가 안 되면 당하고 죽는다.

그날로부터 이제 겨우 64년이 지났다. 잊지 말아야 할 날이다. 너처럼 철들어 가는 많은 학생들의 나라를 생각할 줄 아는 학생을 만나고 싶어 하는 것이 내가 너에게 이 편지를 쓰는 이유이다. 앞으로 국가의 장래를 생각하면서 공부해야 하는 이유를 찾기 바란다.

송미야,
아름다운 모래를 향하여 가길

송미야, 이번에 네가 한 기업에서 준 장학금을 받고 새로운 각오를 갖게 된 것이 앞으로 너의 삶에 좋은 기반이 되리라 생각한다. 최근에 내가 본 한 중국인 이야기를 너에게 전하고 싶구나. "우리는 돈이 없었고, 기술을 잘 몰랐으며, 심지어 계획도 없었습니다." 이 말을 실패에 대한 변명으로 들었다면 잘 못 이해한 것이 된다.

블룸버그통신이 올해 중국 최고의 부자로 꼽은 알리바바 그룹 마윈 회장(50)이 당당히 들려주는 성공 비결이다. 돈이 없으니 한 푼도 허투루 안 썼고, 기술에 무지하니 최고의 인재를 구해 그들의 말을 경청했고, 계획이 없으니 변화에 맞춰 잘 적응할 수 있었다는 의미다.

9월 19일(현지 시간) 뉴욕 증시 상장을 앞둔 알리바바로 인해 세계 금융계가 술렁거린다는 이야기이다. 높은 성장 잠재력을 평가받은 이 회사의 기업 공개가 역대 공모금액을 갈아 치울 것인지 관심사다. 상장 후 시가총액은 약 1680억 달러로 예상된다.

평범한 영어교사에서 눈부신 성공신화를 쓴 마윈에게는 화려한 배경도 스펙도 없었다. 가난한 집에서 태어나 삼수 끝에 정원 미달 덕분에 항저우

사범학원 영어과에 가까스로 들어갔다. 취업 전선에서도 30번 넘게 고배를 마셨다고 한다. 통역회사를 창업했던 마윈은 1999년 미국 시애틀 출장에서 처음 인터넷을 경험했다. 세상을 뒤바꿀 인터넷의 잠재력을 직감한 순간이었다.

같은 해 주변 사람들에게 빌린 2만 위안으로 어설픈 온라인 구멍가게를 차렸다. 회사 이름은 '알리바바'. 동화 속 '열려라 참깨' 주문에 담긴 긍정적 비전이 마음에 들었기 때문이다.

그는 15년 만에 작은 벤처를 구글, 아마존과 어깨를 견줄 만한 글로벌 정보기술(IT) 기업으로 키워냈다.

세계의 미래를 이끄는 리더로 인정받는 마윈은 자신의 기업 철학이 돈을 버는 것이 아니라 일자리를 만들어 사회에 희망을 주는 것이라고 말하는 것을 보니 만일 우리나라에서 이같은 일이 일어났다면 젊은이들이 얼마나 좋아하겠니?

사람이란 힘들면 불공평한 현실을 탓하며 불만을 늘어놓기가 더 쉽다. 하지만 그 속에서 기회를 찾으라고 얘기하는 마윈은 직장이 없어 힘들어 하는 젊은이들의 귀감이 되는구나.

그는 청년들에게 "포기하는 것이 가장 큰 실패"라고 들려준다. 안정된 수입을 보장하는 취업 대신 지금 창업의 가시밭길을 걷는 한국의 젊은 세대에 그의 조언이 힘이 된다면 좋겠다. "오늘은 잔인하고 내일은 오늘보다 더 힘들 것이다. 하지만 모레는 아름다울 것이다."

짜 공부가 부족하고 진짜 실력이 부족하다는 말인가? 의문도 가지. 수많은 학교에서 가르치는 것은 진짜 공부가 아니라는 말인가? 조금은 이상하지 않니?

그러나 나는 진짜공부란 삶을 행복하게 하는 공부라고 생각한다. 삶에 대한 자세를 바꾸어 주는 공부다. 하지만 대한민국에서는 삶을 위한 공부가 아닌 시험을 위한 공부만을 하고 있고 시험을 위한 공부는 우리나라의 대학 입시 시스템이 변경되지 않는 한 어쩔 수 없는 일이라고 모두들 말한다. 누가 이 시스템을 확 바꾸어 주지 않는 한 우리 대한민국 국민들은 오로지 시험을 위한 공부를 해야만 하는 것인가? 초등학교와 중학교에서 배운 것은 초기학습에 해당한다. 이 초기의 학습 경험이 후속 학습에도 많은 영향을 끼친다는 점이다.

배움에 대한 즐겁고 유쾌한 긍정적인 학습경험을 가진 아이들은 배움에 대해 매우 적극적일 확률이 높아질 것이라 생각한다. 그래서 기억력도 왕성하고 감정이 풍부한 중학생 때 좋은 책을 많이 읽어 평생 살아가는데 도움이 되는 공부를 하면 좋겠나. 고등학교, 대하을 졸업함과 동시에 책이라는 것은 절실한 취직을 위해서 승진을 위해서가 아닌 읽기라는 행위는 스스로 즐기며 지속하여 나가는 것이 너의 재산이 되기 바란다.

이 책의 저자 이시형 박사님은 "공부하는 독종이 살아남는다."고 했다. 공부하는 사람을 독종이라고 표현했다. 이 표현은 그만큼 공부하는 것이 쉽지 않다는 표현일 것이다. 취직이라는 일생일대의 목표가 아닌 윤기 나

하연아,
공부하는 독종이 살아남는다

하연아, 넌 시간과 돈이 있다면 먼저 아빠에게 용서를 빌고 생일 선물을 사겠다니 이 선물을 아빠가 받으시면 참 좋아할 것 같구나! 이제 네가 상대하는 사람이 어른이든 친구이든 생각이 다르더라도 꼭 싸워야 해결되는 것은 아니라 생각한다. 아빠와 다툰 것에 대하여 아빠의 입장에서 좀 더 생각해 보는 시간을 가져보면 어떨까?

오늘은 너에게 의사이며 교수이고 예일대 신경정신과 박사인 이시형 교수가 쓴 한 권의 책을 소개하고 싶다. 이 책은 2009년 교보문고 올해의 책, 2009년 yes24 네티즌 선정도서, 그리고 2009년 인터파크 최고의 책으로 '공부하는 독종이 살아남는다' 라는 책이다. 이분은 당신의 미래는 오늘 무엇을 공부하느냐에 따라 달라진다고 힘주어 말한다. 이 책은 진짜 실력은 진짜 공부에서 나온다고 말하고 있다. 진짜 실력은 무엇이고 진짜 공부는 또 무엇일까? 대학 진학률이 80퍼센트 이상인 대한민국에서 아직도 진는 직장생활을 위해 의미있는 삶을 위한 활자읽기가 그만큼 사람들에게 힘들고 지겨운 행위가 되었음을 의미하는 일이다. 그리고 공부하는 그 독종이 살아남는다고 했다. 보수 높은 직장에 다니는 사람, 남들보다 높은 지위를 가진 자가 끝까지 반짝반짝 빛나는 것이 아니라 공부하는 자만이 끝까지 반짝반짝 빛난다고 말하고 있다.

직위는 임기라는 그 기한과 함께 끝이 난다. 내가 높은 직위에 있을 내 옆을 지키던 많은 사람들도 내 직위의 소멸과 함께 사라진다. 전직 군수도 전직 대통령도 그 직위의 상실과 함께 그냥 보통의 한 사람이 된다. 최근에는 총리도 자리를 물러났다. 그 직위의 소멸에도 나를 채워주고 나를 지탱해줄 것은 하나다. 내가 만들어 놓은 내 역량에서 넘쳐나는 나의 자신감 바로 그것이다. 그리고 그 역량은 쉼 없는 공부에서 나온다고 믿는다.

공부 속에는 내게 다가온 실패를 극복하는 방법도 내가 다른 사람을 사랑하는 방법도 세상을 살아갈 모든 방법이 들어있다. 그래서 끝까지 나를 살아남게 만들어 줄 것이다. 이제 중간고사도 끝났으니 도서관에 가서 찾아보거나 책방에 가서 찾아 꼭 읽어보기 권한다.

세윤아,
일상의 기록이 행복으로 연결된다

세윤아, 이번 너의 수상을 교장 선생님은 진심으로 축하한다. 상을 받고 보니 정말 기분이 좋았지? 이처럼 기분 좋아 행복한 순간도 있지만 인생사는 항상 즐거움만 계속되고 있는 것이 아니다. 때로는 감당하기 어려운 일에 처하고 도무지 희망이 보이지 않는 경우도 있다. 그러나 아무리 힘들고 괴로워도 '삶의 의미' 만 찾는다면 행복을 느끼게 된다. 그렇다면 어떻게 해야 행복을 느낄 수 있을까?

넌 누구로부터 글쓰기를 특별히 배운 경험이 없지만 참 잘 쓰는 것을 보니 평소에도 독서를 많이 하는 것 같구나. 네가 글을 써 네 생각을 표현하듯이 간단한 방법 중 하나가 평범한 일상을 기록으로 남기는 것이다. 평범해서 전혀 흥미롭지 않고 의미가 있다고 여겨지지 않는 일상도 시간이 흐른 뒤 돌이켜 생각해보면 느낌이 새로울 때가 많다. 과거 자신의 평범한 기록도 되새기면 흥미롭고 의미가 있다고 여길 때가 많다. 현재의 평범한 일상을 기록하는 것은 삶을 행복하게 살 수 있도록 해주는 '거리'를 준비하는 과정일 수도 있다.

미국 하버드대의 공동연구진은 현재 일상을 기록으로 남기는 행동이 미래 행복에 미치는 영향에 대해 연구한 것이 있다. 먼저 대학생 106명을 대상으로 최근 지인과의 대화 내용과 사진, 기말 과제 보고서, 기말시험 문제 등 현재의 기록을 남기도록 했다. 이후 3개월 후 과거에 남긴 기록을 다시 봤을 때 얼마나 흥미롭거나 의미가 있을지 등에 대해 예상해 보라고 했다.

또, 실제 3개월 뒤 과거 기록을 보고 어떻게 느끼는지도 조사했다. 참가자들은 3개월 후 발생할 상황을 예측한 것보다 3개월 뒤 실제 과거 기록을 접했을 때 같은 상황을 더 흥미롭고 의미가 있다고 응답했다. 공동연구진은 또 애인이 있는 성인 130명을 대상으로 밸런타인데이에 겪은 일을 기록하라고 했다. 참가자들은 평범하게 밸런타인데이를 보낼 때는 흥미롭지 않고 의미도 별로 없다고 응답했지만 3개월이 지난 뒤에는 오히려 평범한 밸런타인데이를 특별한 밸런타인데이보다 더 흥미롭고 의미가 있다고 답했다.

사람들은 현재 삶의 가치를 하찮게 여긴다. 그러다 보니 기록을 제대로 남기지 않는다. 기록을 하여도 다시 볼 것 같지도 않고 다시 본다고 해도 그리 행복할 것 같지 않기 때문이다. 하지만 이런 생각은 심리작용의 대표적인 오류 중 하나다. 인간은 미래의 감정상태를 예측할 때 현재의 감정

상태를 기준으로 삼는 경향이 강하다.

하지만 미래의 감정은 현재와는 다르다. 행복한 삶을 원한다면 평범한 일상에 대한 기록을 남기고 자신을 돌아본다면 변화의 가능성은 높아질 것이다. 기록은 특별할 필요도 없다.

현재는 미래에 대한 선물이다. 최선을 다하는 현재는 행복한 미래를 약속할 것이라 믿는다. 그래서 오늘도 기록을 남긴다.

제가 마산에서 글을 쓰게 된건 고3 인 언니 따라서 온김에 쓰자 한건데 얼떨결에 수상까지 했어요.

그런데 고3 인 언니는 수상하지 못해서 부모님께서 그렇게 내색하며 축하를 해주지 못해서 안타까워 했어요.

그런데 교장 선생님께서 이렇게 편지까지 써 주셔서 감동받았습니다. 앞으로 책도 많이 읽고 글 쓰는 대회도 많이 나가보려고 합니다.

그리고 교장선생님께서 주신 노트에 편지에 쓰신 것처럼 하루하루를 기록하려고 합니다 .미래의 감정은 현재와 다르다'라는 편지 중 일부가 제일 감명깊었습니다. 어렸을 때 귀찮아하면서도 열심히 쓴 일기장을 커서 다시 본 것과 같은 것 같네요.

지금의 생각과 미래의 생각은 다르니까요. 제가 잘 할수 있을지 모르겠지만 도전해볼게요. 편지 써주셔서 정말 감사합니다

지이야,
보내준 메모와 꽃 한송이도 잘 받았다

지이야, 스승의 날을 맞이하여 잊지 않고 네가 보내준 메모와 꽃 한송이도 잘 받았다. 순천동산여중 학생들을 위해 힘써 주신다는 글은 간단하지만 일반 학생들이 교장 선생님에게 써 보낸다는 것은 그렇게 쉬운 일이 아닌데 말이다. 내가 열심히 하고 있는 것은 나의 책임을 다하기 위한 것뿐이다. 그런데 너에게 조금은 특이하게 보였나 보구나.

넌 부자에 대하여 생각해 본적이 있는지? 대부분의 사람들은 부자가 되려고 많은 노력을 하는 것을 보았을 것이다. 그러나 실제로 부자가 되는 사람은 그리 많지 않다. 통계로 보면 국민의 1%밖에 되지 않는다고 한다. 자수성가 방법도 있지만 그 안에 들어가려면 피나는 노력을 한 사람들이다. 중요한 것은 어떠한 형태로든 스스로 노력하지 않은 사람은 부자 되는 방법이 없다는 것이다.

사실 엉뚱한 방법이 하나 있기는 하다. 로또에 당첨되는 생각을 해봤는지? 이는 굉장히 낮은 확률이다. 미국에서는 로또에 당첨된 사람 100중에 95명 이상이 이혼하고 알코올 중독자가 되고 마약중독자가 되었다는 것을 잊지 말아야 한다. 한국에서도 많은 사람들이 도망 다니고 이혼하고 가정 파탄나고 별에 별일 다 일어나고 있단다. 그러니 로또 같은 것에 기대지 말고 노력을 통해서 부자로 갈 수 있는 길을 찾아야 한다.

부자되는 길 첫 번째는 종자돈을 지금부터 만들기 시작하는 것이다. 두 번째는 자린고비 정신을 갖고 씀씀이를 줄여서 종자돈 만드는데 보태려고 애쓰는 자세가 필요하다. 세 번째는 경제 흐름을 늘 공부하여야 한다. 흐름을 타지 못하면 많은 노력이 허사가 되기 때문이다. 이는 구구단을 외우는 사람이 산수 계산 문제를 더 빨리 푸는 것과 마찬가지이다. 경제가 어디로 가는지도 모르면서 '나 부자 되고 싶어'라고 돈을 쫓아다니면 부자 될 확률은 적다.

지금부터라도 부자가 되겠다면 '부자는 도대체 무엇이고, 어떻게 되었는가'를 철저히 연구하고 자신과 차이는 얼마나 나는지, 또한 어떻게 실행해 갈 것인지에 대한 전략을 세우고, 그것에 의해서 매일 실행할 수 있도록 노력이 필요하다.

부자가 되려면 첫 번째는 자기의 몸값을 올리도록 노력하는, 소위 말해서 수입을 더 창출하는 노력을 하여야 한다. 지금 버는 돈으로 부족하다면 두 가지 일을 하든지, 자기분야의 전문가가 되어서 지금 받는 돈의 20%~30%를 더 받는 방법을 찾아야 한다. 두 번째는 번 돈을 어떻게 잘 쓰느냐에 대한 노력을 반드시 하여야 한다.

그리고 번 돈의 여유 자금을 가지고 미래를 위해서 어떻게 불려 나갈 것인가 하는 미래에 대한 투자의 방법에 연구를 해야 한다. 그러기 위해서는 경제적 삼박자가 맞아야 한다. 경제에 대해 해박한 지식을 가지고 있고, 세상의 물 흐름을 아는 사람일수록, 둑을 쉽게 쌓고 고기를 쉽게 잡는다는 논리이다. 열심히 하는 것도 중요하지만 어느 방향으로 어떻게 제대로 할 것인지에 대한 선택과 끊임없이 노력하는 자세가 갖추어져 있어야 한다.

처음 만든 작은 눈덩어리가 하루하루를 지나 천천히 굴러나가서 결국 5년, 10년 뒤에 엄청나게 큰 눈덩어리가 될 수 있고 눈사람을 만들 수 있는 것처럼, 스스로가 '시작은 미약하나 그 끝은 창대하리라'라는 생각을 가지고 지금이라도 첫걸음을 내딛는 자세가 필요하다. 다만 방향을 정확히 보지 않고 엉뚱한 방향으로 가게 되면 시간 낭비와 노력 낭비로 돌아올 가능성이 높다. 때문에 반드시 정확한 관점으로 목표를 정하여 부자가 되는 길로 가는 노력을 하여야 한다.

그래서 어려서부터 창업에 대한 공부를 해 보고 창업이 얼마나 어려운 일이며, 돈을 번다는 것 자체가 그렇게 쉽지 않다는 사실을 기억하였으면 한다. 학생시절에는 부모에게 돈을 받아 쓰지만 몇 년간의 학교교육이 끝나면 스스로 돈 문제를 해결하여야 한다. 이 시점이 우리 개개인에게 언젠가 오게 되어 있다. 이때를 지금 생각하여 보면서 깊이 생각하는 기회를 가졌으면 좋겠다 생각하여 이 편지를 쓴다.

우리 주변에는 수많은 선생님이 계신다

정아야, 이제 학교 수업도 거의 마무리 되고 있어 한 해가 저물고 있음을 느끼게 될 것이다. 지난 3년간을 되돌아보면서 네 자신에 대하여 조용히 반성해 보는 시간이 필요할 것이다. 이제 졸업을 하고 넌 은행원이 되기 위하여 너에게 맞는 길을 택하여 가겠다고 고등학교를 선택하였지. 인생을 길게 보면서 잊지 말고 꼭 기억해야 할 것이 있다.

'배움의 길에는 끝이 없다(학무지경 · 學無止境)'는 것이다. 내가 아는 이병화(72) 전 신라대 총장은 고희(古稀)를 넘긴 나이에 다시 대학 신입생이 되었단다. 그것도 유학생으로. 지난 9월 그분은 베이징의 중국 제2외국어대학 중국어과에 입학했다는 기사를 읽었다. 중국 내 외국 유학생 중 나이가 가장 많아 화제가 된 것이지. 아모레퍼시픽에서 15년, 국제정치학 교수로 30년 봉직한 그는 27일 '배움' 앞에 다시 선 이유를 이렇게 설명했다.

"2004년 신라대 총장을 마치고 청주대 객원교수와 세종사이버대 총장을 했어요. 2009년 퇴직하고 서울 여의도 주변에서 역시 퇴직한 지인들을 많이 만났는데 하나같이 정부에서 '한 자리' 해 보려는 노욕으로 가득 찬 걸 보고 실망했어요. 그래서 난 여생은 중국을 공부해 봉사의 삶을 살기로 했지요." 그가 말한 봉사의 대상은 아직도 국적과 민족 사이에서 정체성 혼란을 겪고 있는 조선족이다. 그는 지난해 1년 동안 베이징대 한반도연구센터에서 방문학자로 조선족을 공부했다. 내년 9월까지 중국어를 익히고 지린(吉林)성 옌지(延邊)로 가 한국과 중국을 잘 이해하는 그들에게 미래 한반도 통일을 위해 중추적 역할을 하도록 자신감을 키워줄 생각이라니 놀랍지 않니?

솔직하게 말해 내가 해 본 경험으로는 중국어 학습은 쉽지 않다. 특히 나이 때문에 암기와 듣기가 동급생보다 떨어진다. 그러나 그분은 젊게 공부하려고 했다. "첫 수업 때 난 지금부터 (72세 숫자를 바꿔) 27세다. 앞으로 나에게 동학(同學)이라고 부르지 않으면 대답을 않겠다고 선언했다. 배움에 나이가 어디 있습니까." 이 때문에 400여 동급생 모두가 그를 할아버지나 총장님이 아닌 '리퉁쉐'(李同學)로 부른다. 물론 밥도 잘 사고 인생 상담도 잘 해주는 형님으로 불리기도 한다는 것이다. 너도 이제 새로운 세상을 보면서 네 꿈을 이루기 위하여 무엇을 할 것인가를 분명하게 정하여 뚜벅뚜벅 걷기 바란다.

제4부 지혜편

나연아,
역전이 불가능한 것만은 아니다

나연아, 세상은 끊임없이 움직이고 있다. 우리 사회는 지금 전자 혁명 시대를 살아가고 있다. 금방 어느 제품이 출시되어 사람들의 관심을 끄는가 했더니 곧 다른 새 제품이 나오고 옛 것은 자취를 감추고 있다. 너도 지금은 옛날의 휴대폰이 아닌 스마트폰이라서 나와 카톡이 가능하게 되어 실감이 날 것이다. 내가 초등학교 시절 어렸을 때부터 기억하는 것은 라디오와 흑백 TV의 탄생이었다. 60년대 초반 초등학생 시절 한 마을에 라디오를 가진 집이 얼마 되지 않았지만, 금성사 플라스틱 제품의 라디오를 산 우리 집에서는 동네 사람들이 몰려와 함께 라디오를 들었던 경험이며 홍수환 선수의 권투 시합 중계 등 감동적인 시간을 기억할 수 있다.

최근 몇 년 전부터 난 TV와 휴대폰, 컴퓨터 간의 전쟁을 보면서 어느 것이 승자가 될까를 생각하면서 지켜보았는데 현재는 완전히 스마트 폰이 승자로 자리를 잡았으며 당분간 이런 현상은 깨지기 힘들 것 같다는 느낌이 든다. 불과 4년 전인 2009년 미국 LCD TV 시장을 장악한 리더는 누구였을까? 워크맨의 신화를 만들며 전 세계 가전 시장을 주도하였던 소니?, 아니면 21세기 새로운 강자로 떠오른 삼성이었을까? 정답은 둘 다 아니다.

이름도 생소한 대만의 비지오란 업체가 당당히 리더의 자리에 올랐다. 그런데 비지오는 설립된 지 10년도 안 된 업제로 대단위 자가 공장도 없고 직원도 200명이 채 안된다고 하니 더욱 놀랍다. 이런 중소기업 규모의 비지오가 어떻게 소니나 삼성을 제치고 리더의 자리에 오를 수 있었을까? 그런데 지금은 다시 삼성이 세계를 제패해 가는 모습을 읽을 수 있구나!

오늘날 세계화가 진전되며 전 세계적으로 승자 독식 현상이 날로 심화되고 있다. 이런 승자 독식 현상으로 인해 비즈니스 게임은 규모의 경제와 고객 인식에서의 선점 효과를 누리는 기존 강자들에게 매우 유리하게 전개되고 있다. 그러다 보니 약자에게 있어서 역전은 꿈만 같은 일로 느껴진다. 하지만 21세기 들어 예전과는 다른 역전 현상들이 벌어지고 있다.

기존 강자들이 구축한 게임의 룰을 무색하게 만들며 새 판을 짜는 도전자들이 나타난 것이다. 휴대폰 시장에 명함도 내밀지 않았던 애플이 불과 3년 만에 휴대폰 시장의 강자가 되고, 소니의 플레이스테이션에 밀려 망할 것 같았던 닌텐도가 화려하게 부활할 거라고 누가 예측했을까? 1998년 세르게이 브린과 래리 페이지가 만든 신생업체가 10년 만에 마이크로소프트를 위협할 강자가 되고, 지방에서 사양산업인 의류유통 사업체를 운영하던 유니클로의 야나이 다다시가 2000년대 들어 급부상하며 일본 부자 1위에 오를 줄 누가 알았을까?

사실 오늘날과 같은 글로벌 무한 경쟁의 시대에 후발 기업의 역전 신화는 많은 감동과 교훈을 준다. 허름한 창고에서 시작, 전 직원들이 발품 팔며 영업하던 작은 기업이 어느새 선두 기업을 제치고 리더의 지위에 오른 스토리를 듣다 보면 지금의 기업이나 미래에 창업할 기업도 언젠가는 성공할 것 같은 환상에 빠져들게 되는 건 나만이 느끼는 것은 아닐 것이다. 하지만 무턱대고 열심히 한다고 역전의 기회를 잡을 수 있는 건 아니다. 더구나 승자 독식 현상으로 인해 기존 선두기업에 절대적으로 유리한 비즈니스 게임 룰 하에선 평범한 전략으론 역전은 불가능하다.

세상을 바꾸겠다는 스티브 잡스, 이 세상의 가난을 모두 없애고 말겠다는 무하마드 유누스, 전 세계 사람들에게 도서관을 제공하려는 아마존닷컴의 CEO 제프 베조스, 지속가능한 지구를 만들겠다는 애니타 로딕까지 모두 헛된 몽상을 꿈꾸었다. 그런데 그런 몽상이 몽상이 아니라 실제 세상을 놀랍게 진보시키고 있다. 직원들이나 고객, 세상 모두에게 처음엔 몽상으로 비춰지지만, 이를 적극적으로 공유하고 그 가치를 하나씩 실천해 나감으로써 몽상은 비전으로 바뀌어진 것이다. 점차 한 명 두 명 그 비전을 따르고 신뢰하는 이들이 많아질수록 헛된 꿈은 달성 가능한 목표로 탈바꿈하게 된 것이다.

성장하기 위해선 과감한 무한 도전이 필요하다. 한번 뿐인 인생 아무렇게 가치없이 살기엔 너무 억울하다. 지금까지 살았던 삶을 그대로 유지해서는 역전이 불가능하며, 실패할 가능성이 높다고 해서 뒤로 물러선다면 서서히 침몰하는 선박 꼴이 되고 말기 때문이다. 특히 너보다 뛰어난 친구들과의 경쟁에선 말이다. 무한 도전을 하기 위해선 열정과 함께 실패를 감내할 수 있는 용기 역시 필요하다. 유니클로를 만든 일본 사람 야나이 다다시는 1승 9패를 주장하며 '실패하지 않으면 성공도 없다. 패배는 끝이 아니라 성공의 씨앗을 얻기 위함이기에 아홉 번 실패해도 열 번째 성공하면 된다'고 말했다.

이제 너도 중학교를 떠나가는 마당에서 네가 이룬 학교생활의 결과로 네가 진학하고 싶은 학교를 가지 못하고 다른 학교에 가게 되었다는 것은 내가 옆에서 보아도 가슴 아픈 일이었다. 그러나 지금 네가 그곳에 갔다고 하여 완전히 역전이 불가능한 것은 아니라는 사실을 꼭 명심하기 바란다. 문제는 지금부터 시작이다. 앙드레 말로는 "오랫동안 꿈을 그리는 사람은 마침내 그 꿈을 닮아간다"고 말했다. 새해가 벌써 십여 일이 가까워졌다. 그러나 아직 늦지는 않았다. 올해에 다시 자기 꿈과 열렬히 닮아가는 시간을 마련해 보면 어떨까. 인생이란 항상 실패한 사람들이 새롭게 도전할 때 새로운 사건이 일어나는 법이다. 너도 그런 주인공이 충분히 될 수 있다고 생각한다.

그러나 아무런 도전도 하지 않고 지금까지 살아온 삶 그대로 내일의 삶을 맞이한다면 역전은 영원히 불가능할 것이라는 것을 가슴에 새겨두기 바란다. 그리고, 그토록 너를 지원하신 너의 담임 선생님께도 진심으로 감사하다는 마음을 전했으면 좋겠다. 그리고 넌 대단하다. 방학을 하기 전에 나를 찾아와 인사를 하고 간 학생은 950여명의 학생 가운데 너 혼자였다는 사실을 나도 잊지 않겠다. 그리고 새로운 너의 출발을 계속 지켜보겠다.

혜진아,
가난이 인생의 길을 막지는 않는다

혜진아, '열심히 노력하면 좋은 결말이 있을 것이다'라는 네 말은 변함없는 진리라 생각한다. 그리고 준비하는 자에게 기회가 찾아온다는 너의 생각은 참 긍정적이어서 내 마음에 쏙 드는구나! 넌 장차 심리학자가 되고 싶다고 하였었지? 세상은 사람들 마음의 움직임에 따라 변화가 일어나고 있으며 마음을 움직일 줄 알면 도를 터득한 것이 아니겠니. 그만큼 인간의 심리는 복잡하고 다른 사람들의 마음을 알면 복잡하게 얽힌 문제를 쉽게 해결할 수 있을 것이다.

요즈음 세상살이가 힘들다는 사람들의 공통점은 돈 문제가 자리잡고 있다는 것이다. 그러나 지금 세상은 꼭 돈 문제 때문에 일어나는 것은 아니며, 성공하지 못하는 것은 아닐 것 같다. 문제는 아이디어가 부족하고 인간의 노력이 부족한 때문이 아닐까 생각한다. 내가 70년대 초 무렵 대학 진학을 할 때도 경제적 사정이 어려운 친구들은 사관학교에 진학하여 자신의 꿈을 이루었단다. 지금은 그때와는 비교가 안될 정도로 공부를 하고자 하는 사람에겐 지원이 많아 너에게 소개하고자 한다.

현대차 정몽구재단이 저소득층 학생을 지원하는 '창의인성 프로젝트'를 본격 가동한다니 반가운 일이다. 올해만 총 1만7600명의 학생이 이 프로그램의 지원을 받을 예정이다. 2월 7일 정몽구재단의 2013년도 사업계획에 따르면 올해 정몽구재단은 저소득층 중、고등학생이 재능과 적성을 계발、모색하는 '청소년창의계발스쿨'을 신규 실시한다고 한다. 기존 '어린이창의계발스쿨'에 이어 초등학생부터 중、고등학생까지 아우르는 프로젝트가 완성되는 것이란다. 올해 연간 1만7600명의 학생이 프로그램 지원을 받게 되는데, 특히 '청소년창의계발스쿨'은 최근 입학사정관제 도입 등 점차 창의적인 경험이 중요해지는 시대 흐름을 반영했다는 게 특징이다.

지원대상은 교육과학기술부가 정한 '교육복지투자 우선지원' 중、고등학교 동아리로, 교내 동아리에서 주로 학교 창의활동이 진행되고 대입 수시 전형에서도 동아리 활동 평가 비중이 커지고 있다는 점에 착안했다. 3월 중 공모를 거쳐 180개 동아리를 선정, 1년 동안 각종 활동을 지원할 방침이며, 활동비와 연구비를 지원하고 우수교사 등에겐 해외 견학 기회도 제공한다. 또 동아리별로 진로 멘토를 소개해 신로 상담을 받을 수 있는 통로도 마련한다.

또한 장학사업도 확대한다. 기존 소년소녀가장, 교통사고 피해가정 자녀,순직 경찰공무원 자녀에 이어 창의인성 학생, 순직 소방공무원 자녀 대상 장학금을 신설한다. 기초과학이나 문화 예술 분야 중､고､대학생을 지원했던 '기초과학 및 문화예술 교육비 지원사업'의 범위도 대학원생까지 확대할 방침이다. 대학생의 학자금 대출이자 전액을 지원하는 프로그램이나 고금리 학자금 대출을 저금리로 전환해주는 프로그램, 다문화 가족 및 저소득층 2만가구에 생필품을 전달해주는 사업 등 다양한 사회공헌활동도 이어간다. 정몽구재단 관계자는 "저소득층을 지원하는 프로그램을 한층 강화해 사회 발전의 근간이 되는 분야에서 더욱 체계적이고 실질적인 지원을 추진하겠다"고 밝혔다. 정몽구재단은 정몽구 현대차그룹 회장이 출연한 사재 총 6500억원을 기반으로 설립된 재단이다.

세상에는 이렇게 현대그룹 외에도 좋은 기업들이 좋은 세상을 만들기 위하여 노력하고 있단다. 만일 너에게 가정이 어려워 유학하기 어렵다면 네가 공부만 잘 하면 길이 열릴 것이다. 교장 선생님도 35살이라는 나이에 외국 정부의 도움으로 생활비와 학비 전액을 받으면서 유학을 한 경험이 있단다. 지금의 나는 그때 결심하였던 것들을 이루는 과정에 있단다. 이처럼 우리 학생들도 이렇게 지원하는 좋은 기회를 이용하여 땀을 흘려 탐색한다면 기회는 주어질 것이다. 문제는 정말 하고자 하는 '절실함'이 있는가가 문제이다.

혜진이 너도 이제 고등학교에 진학하여 동아리 활동을 통하여 견문을 넓히고 다양한 경험을 축적하여 성공한 심리학자로 인간의 삶에 행복을 가져다 줄 수 있는 인재가 되기를 바라면서 이 글을 맺는다.

항상 저에게 관심 가져 주시고,

좋은 말씀 많이 해 주셔서 감사합니다. 다른 친구들도 이 글을 보고 많은 도움이 될 것 같아요.

항상 감사합니다.

좋은 친구

친구를 통해 내 삶이 다양해지고 자유로워집니다.

친구는 내가 해 보지 못한 일을 나 대신 해 줍니다. 내가 다녀보지 못한 직장을 대신 다니고, 내가 살아보지 못한 삶을 대신 삽니다. 나와 마음이 통하는 친구이기에 그의 경험이 바로 내 경험이 되는 것입니다.

친구라는 존재가 늘 반갑고 고마운 이유가 바로 여기에 있습니다.

그를 통해 내 인생의 길이 하나 더 생기고, 내 삶의 기회가 한 번 더 주어지는 것입니다.

좋은 친구를 사귀면 이런 멋진 일들을 만납니다.

정아야,
너만의 삶을 모은 일기를 써 보렴!

정아야, 입학하여 일주일이 지난 것 같구나. 학교생활은 아직 익숙하지는 않지만 점차 잘 적응해 가리라 믿는다. 이 세상 모든 것은 익숙해지기 전까지는 힘든 것이라는 사실을 알고 있겠지? 이제 새로운 배움터에서 중학교에서 배운 것을 기초로 한 단계 수준 높은 공부를 할 수 있게 된 것을 축하한다. 무엇보다 새 친구들을 많이 만났겠구나. 앞으로 세상을 살아가는데는 학문적인 성과도 중요하지만 좋은 친구를 얻는 것도 아주 중요한 일이니 관심을 갖고 살아가기 바란다.

그리고 너와 중학교라는 울타리에서 만난 인연으로 이렇게 다시 글을 쓴다. 너의 인상적인 부분은 학습일기를 상당히 깔끔하게 쓴 것이다. 그러나 며칠 간 그것을 쓴다고 너의 일생의 변화를 가져오기는 어려운 일이다. 그 동안 내가 살아오면서 기억에 남은 사람들을 돌이켜 생각해 보면 정말 일기를 꾸준히 썼다는 것을 기억할 수 있구나. 초등학교 때 만난 한 친구는 6년동안 생활일기를 썼는데 아직도 내 기억에서 지워지지 않구나. 너도 초등학교 때 방학숙제로 밀린 일기를 쓰느라 애먹었던 기억은 없었는지? 그리고 지금은 유명한 일간지에서 논설을 쓰시는 분은 중 · 고등학교 시절부터 대학 마칠 때까지 10여 년에 걸쳐 꽤 꾸준히 일기를 썼으며, 게다가 이곳저곳 여행할 때마다 쓴 기행일기도 여럿 있단다.

그런가 하면 구한말 의료 선교사였던 이가 쓴 '알렌의 일기'가 유명하단다. 이것은 일기를 넘어 우리 근대 역사의 중요한 사료가 되었단다. 산파였던 마서 무어 밸러드가 1785년부터 1812년 77세를 일기로 죽을 때까지 27년간 썼던 '산파일기'도 그 자체로 생활사의 걸작이라 생각한다. 이 일기에 따르면 그녀는 816명의 아이를 받아냈다는 것이다. 그녀 스스로도 아홉 자녀를 낳았고 그중 셋이 어릴 때 죽었다. 일기 그 자체가 인생을 웅변하는 것 같다. 아니 일기가 곧 역사였다.

일기의 힘은 지속하는 데 있다. 우리는 지나온 생에 대한 연민보다 앞으로 살아가야 할 나날들에 대한 애정 때문에 일기를 쓴다. 일기는 단지 매일매일 뭔가를 기록한다는 것 이상의 의미를 갖는다. 그것은 결코 놓아버릴 수 없는 자기 삶에 대한 담담한 애정이며 절절한 세상과의 생의 소통이라 생각한다. 지금은 안팎으로 위기이다. 북한은 공격을 하겠다고 하고 경제가 어려워 자살하는 사람도 나타나고, 취업이 어려워 눈물 속의 생활을 하는 젊은이도 있다는 사실이다.

이제 넌 고교생활을 통하여 네가 만난 친구가 이 세상에 대하여 어떤 자세를 가지고 있는가? 친구의 강점은 무엇이며, 내가 배울 수 있는 것은 무엇인가? 관점을 가지고 일기를 쓰자. 그리고 네가 존경하는 선생님을 만나 네가 던진 질문에 어떻게 답하는가도 모아가면서 기록해 보는 것이다. 그러려면 네가 물을 질문을 만들어야 할 것이다. 그래서 이 삶의 여정에서 결코 놓아버릴 수 없는 자기 삶에 대한 증인이 되자.

그리고 이제 3년 후에는 네가 금융인이 되기 위하여 여러 가지 면접 등을 통과해야 하는데 그때 가서 네가 자랑할 수 있는 것 한 가지, 나는 고등학교 생활 속에서 친구들과 만난 이야기를 꾸준히 기록한 이야기가 있다는 사실을 증명한다면 이것은 요즈음 아이들이 갖지 못하는 중요한 스펙이 될 것이다. 만일 이런 준비가 없이 시간을 보내고 나서 그때 가서야 '내가 뭘 공부하고 실천했지?'라고 어리석음을 후회하는 것은 너에게 하나도 도움이 되지 않을 것이기에 말이다. 하루에 한 페이지 쓰는 것이 사소하게 보이지만 3년의 기록을 모은다면 그것은 바로 너의 '삶의 역사'가 되는 것이기 때문이다. 그리고 평범한 생활인일지라도 일기를 쓰는 것은 스스로의 생을 견디게 하고 촛불처럼 흔들리는 삶을 붙들어 주리라 믿는다.

시은아,
마음 담긴 편지, 행복으로 이끈다

시은아, 5월은 가정의 달이다. 어린이 날(5일), 어버이 날(8일), 부부의 날(21일)이 잇따라 있고 스승의 날(15일)도 달력 한 가운데 있다. 여기에 생일이나 기념일이 겹치면 5월은 그야말로 '선물의 달'이라 할 수 있다. 마음에 담은 선물을 하려면 경제적인 뒷받침도 필요할 때가 있다. 선물은 무엇보다 마음의 정성이 따라야 한다. 그러나 물질적 선물이 아니더라도 전달할 수 있는 방법은 많이 있다. 정성이 담긴 편지 한장이 기쁨을 전달하여 행복으로 이끄는 길이라 생각한다. 너도 이제 편지를 쓸 사람을 떠올려 보렴!

일전에 2011년도 본교를 졸업한 한 학생으로부터 감사하다는 메시지를 받았다. 본인은 특성화 학교에 신학했기에 졸업과 동시에 좋은 직장에 취직하게 됐다는 내용이었다. 또 한 학생은 교장선생님께서 지금까지 지켜봐 주셔서 감사하다면서 이번 스승의 날에는 꼭 한 번 찾아뵙겠다고 서신을 보내 왔다. 요즘 아이들은 누군가에게 먼저 편지를 써 보낸다거나 연락을 하는 일에 매우 서투르다. 생활이 바쁘다 보니 그런 측면도 있지만 우리 사회가 바쁘게 돌아가면서 마음의 여유를 상실한 이유 때문은 아닌가 생각해 본다.

지금처럼 인터넷이 발달해 많은 사람들이 간단히 메시지를 전하는 시대는 일찌기 없었다. 그러나 이같은 좋은 감사의 계절을 맞이해 우리가 가르치고 있는 아이들에게 정성이 담긴 편지를 부모님과 존경하는 선생님께 써 보게 지도하면 어떨까? 우리는 자신이 어떤 투자를 하지 않으면서도 상대가 좋은 선물을 보내오면 기분이 좋아진다. 아이들이 보낸 정성스럽게 쓴 편지는 우리의 삶을 휴식과 기쁨의 시간으로 안내하게 될 것이다. 그런가하면 편지란 꼭 아이들이 어른에게 보내는 것만은 아니다. 부모가 자녀들에게, 선생님이 제자들에게 써 보는 것도 마음와 마음이 소통하는 하나의 방법이 될 수 있다.

영국시인 로버트 브라우닝은 “행복한 가정은 미리 누리는 천국”이라는 말로 가정의 소중함을 강조했다. 조그만 정성이 담긴 선물을 가까운 사람들에게 전하는 것은 매우 귀한 일이다.

너무 가깝다보니 예절도 갖추지 못하고 무례하게 군 적은 없었는가를 돌아보면서 넉넉한 경제 사정이 아니라면 미리 구입 계획을 세워야 한다. 기념일 임박해서 허겁지겁 사게 되면 선물을 받는 사람의 생각도 무시되고 가격에 맞춰 ‘적당한’ 것을 고르기도 쉽지 않다. 때로는 상품권이나 현금 봉투를 내밀면서 “현금이 최고”라고 위안도 하지만 선물의 진정한 의미에는 못 미칠 것 같다. 큰 것이 아닌 마음을 원하는 것이 현대인의 심리가 아닌가 생각된다.

소영아,
북방 러시아가 가까이 오고 있다

소영아, 이제 너도 학교를 졸업하고 대학에 진학하는 기회를 맞이하였구나. 그간 3년 동안 힘들지 않았는지? 네가 하고자 하는 것을 할 수 있는 대학이 선택되었는지 궁금하기도 하다. 넌 외고를 다니면서 외국, 외국어라는 것이 무엇인지 감을 잡았을 것이라는 생각이 든다. 한국은 지리적으로 해양국가요, 대륙 국가인 양면의 성격을 갖고 있다고 볼 수 있다. 그러나 남북분단으로 인하여 대륙국가로서의 기능을 거의 상실한 채 오늘이 유지되고 있다. 인터넷에서 '북방'이라는 단어를 검색하면 '북방 항로', '북방 교역', '북방 시장'은 물론 '북극 항로'까지 온통 북쪽과 관련된 용어 일색이다.

그런데 이 북방은 불과 20~30년 전만 해도 '금단의 땅'이었다. 서슬퍼런 냉전 상황에서 북방은 주로 대결의 상대방이었지, 교역의 파트너는 아니었다. 이처럼 우리 역사에는 어두운 면이 많이 있었지. 그런데 세상이 변해가면서 중국, 러시아는 물론 중앙아시아까지 북방의 여러 나라가 교역 · 교류의 동반자로 인식되기 시작한 것은 1980년대 말 구 소련에 '페레스트로이카'와 '글라스노스트'로 대변되는 개혁 · 개방의 물결이 밀어닥치고, 동 · 서의 극단적 냉전 체제가 급격히 붕괴되면서부터이다.

2013년 11월 양국 정상이 비자면제 협정을 체결했을 때, 각지가 그 효과에 주목했다. 비자 면제는 필연적으로 인적 교류 활성화를 불러올 것이라는 예측이었다. 비자 발급 기간과 20만원에 달하는 비용 등의 만만치 않은 불편과 부담이 해소되면 관광이나 비즈니스, 행사 참석 등을 위해 양국을 오가는 여행객이 늘어나는 것은 당연한 현상일 것이다. 지난 2012년을 기준으로 우리나라를 찾은 러시아인이 16만7000명이었는데, 당장 비자면제 첫해인 올해 40%가 증가하고, 멀지않은 장래에 인적 교류가 몇 배 더 급증할 것이라는 전망도 나오고 있다. 그러나 현실은 아직도 우리가 다양하게 준비하지 못하여 자신감이 넘치는 상황은 아닌 것 같구나.

동해안은 동해항~블라디보스토크, 속초항~자루비노 여객 항로가 개설돼 있기에 비자면제에 따른 인적 · 물적 교류 확대 기대가 크다고 하지 않을 수 없다. 특히 '의료 관광'은 빼어난 자연 · 문화자원을 보유하고, 언필칭 '한국 관광 1번지'로 통하는 강원도가 '힐링 관광'과 연계해 가장 주목해야 할 분야로 꼽히고 있다. 그러나 이를 뒷받침할 인적 자원이 턱없이 부족하다는 지적이다. 통역 등 전문요원 확충, 행정지원 전담부서 조직 확대 등의 역량을 키워야 할 필요성이 높아진다하겠다.

지리적으로는 강원도 산하가 품고 있는 약초나 한방 연계, 더 나아가 요트 등 고급 해양 레저 산업과 의료관광을 집목시키는 노력도 필요해 보인다. 이미 중국은 연해주 지역에 많은 관심을 보이면서 진출을 늘리고 있는 상황이다. 이에 비하여 우리는 늦었지만 이제부터 시작이다. 역사적으로 조선시대부터 근대사에 이르기까지 시대에 따라 관련이 있었지만 문화, 역사 연구 등 기본적인 연구자료도 매우 불충분한 상황이기에 누군가는 이 분야에 관심을 가지고 땀을 쏟아야 할 것이라 생각한다. 선생님은 언젠가는 이러한 교류의 시대가 올 것이라는 예측을 하여 러시아와 교류가 이루어지기 오래 전인 1987년에 일본인 친구를 통하여 러시아어 학습 교재를 구입한 적이 있다. 이제 너를 비롯하여 우리의 젊은이들이 보다 더 세상을 넓고 깊게 보고 도전하는 가운데 북방 러시아를 시야에 넣기를 기대해 본다. 세상은 꿈꾸는 자에 의하여 변하여 간다는 것을 믿기 때문이다.

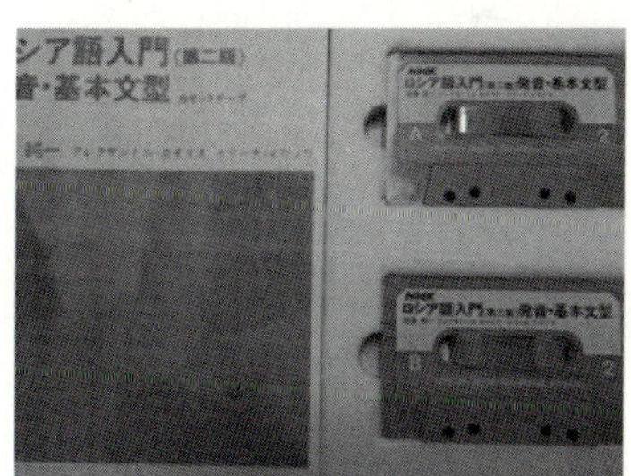

러시아 교재

지애야,
공부의 의미 찾아보기를

지애야, 이제 네가 마음을 다잡고 공부하는 모습이 아름답구나. 아마 네 주변의 친구들도 너의 변한 모습을 보고 의아해 하지는 않는지? 지금도 마음속으로 진학에 관하여 고민하고 있으리라 생각된다. 인간은 이렇게 불안한 존재란다. 너도 이제 지나간 시간을 반성하고 진학할 학교가 어디인가를 조사하고 있겠지? 네가 정한 목표에 도달하기 위해서는 올 1학기에 최선을 다한다면 가능하리라 믿는다.날이 갈수록 양극화 되는 사회를 보면서 무엇을 어떻게 하여야 할지 많이 걱정이 되기도 한다. 잘 되는 사람은 계속 잘되고, 안 되는 사람은 계속 안 되는 세상이 아닐는지! 그런데 사람들은 경제적인 양극화만 걱정하는 모양이다. 그러나 그보다 더 걱정은 뇌의 양극화라고 생각한다. 돈을 벌고 성공한 사람들을 생각하여 본 적이 있는지? 참고로 빌게이츠가 쓴 '생각주간'을 추천한다.

가장 두드러진 점은 말이 유창하고 논리적이며, 유머러스하고 설득력이 있는 사람이 많다. 또, 행동도 민첩하고, 상황판단이 빠르다. 얼굴에는 윤기가 흐르고 자신감이 넘치기도 하지. 이러한 결과는 그만큼 뇌가 활성화

되어 있다는 뜻이다. 전문적인 일을 하는 사람일수록 공부를 더 많이 하게 되고 그만큼 뇌도 더 활성화되기 마련이지. 뇌를 많이 쓰면 경쟁력도 생기고, 성공하게 되리라 믿는다. 하지만 세상에는 그렇지 못한 사람도 많은데 이는 뇌가 가난하기 때문이다. 뇌의 양극화가 경제적 양극화, 결국은 사회적 양극화를 만들어 간다는 사실이다. 무엇보다 공부의 의미를 찾는 일은 삶의 의미를 찾는 일과 밀접하다고 생각한다. 그러기 위해서는 뇌가 충실해야 한다. 뇌가 가난하면 사는 형편도 가난해질 가능성이 높아질 것이다. 형편이 좋아야 남도 돌보고 인간관계도 부드러워질 텐데, 그렇지 못하면 우울한 시간을 보내게 될 가능성이 높다. 그렇다면 방법은? 형편이 어려워도 공부를 하는 수밖에 없다. 지금부터라도 너도 실력을 차곡차곡 쌓아 나중에는 관계를 역전시켜야 네가 희망하는 학교에 들어갈 수 있다는 것이지. 그러니 지독하게 공부하면 문이 열릴 것이다. 치열하게 살아본 사람, 독하게 해 본 사람만이 인생을 즐길 자격이 있다. 공부로 창조적 인재, 즉 창재가 되어야 불확실한 세상에 살아남을 수 있다는 이야기도 있다. 창재가 되려면 어떻게 공부해야 하는지도 알아 네 삶에 적용한다면 문제는 해결될 것이다. 이제 남은 건 너의 마음이다. 그러나 마음먹는 것과 실천으로 옮기는 것은 쉽지 않다는 것을 마음에 꼭 새겨두기 바란다.

우리 인간은 작심삼일을 극복하는 게 얼마나 어려운지 알고 있겠지? 그래서 마지막으로 부탁한다. 공부의 의미를 이번 기회에 꼭 찾아 네 꿈을 이루어 웃는 모습으로 이 학교를 졸업할 수 있기 바란다. 지호야,

지호야,
외국인들이 본 한국의 독립운동 모습은

지호야, 넌 역사에 관한 관심이 매우 높은것 같은데 이웃 나라와의 관계는 어떻게 대처해야 할까?

날이 갈수록 한 · 일간의 관계가 역사문제를 중심으로 악화되고 있다. 이 같은 기회를 이용하여 우리 국민은 지금 무엇을 생각하고 무엇을 후손들에게 가르칠 것인가를 깊이 생각해 볼 시점이 아닌가 생각된다. 민족의 위기를 당하여 당사자인 한국인들도 독립운동에 많이 나섰지만 외국인들의 관심도 적지 않았다는 증거들이 많이 있다.

그 증거로 인왕산 자락에 일제 강점기에 지어져 유령의 집으로도 불리는 붉은 벽돌집이 있다. 이름은 딜쿠샤(Dilkusha)이다. 힌디어로 희망의 궁전을 뜻한다. 1917년 한국에 온 UP통신 한국 특파원이자 금광기술자였던 앨버트 테일러와 영국인 배우이자 화가였던 아내 메리 테일러가 인왕산 자락에 있는 은행나무에 반해 그 옆에 지은 집이다. 1923년 지어진 딜쿠샤의 서재에서 앨버트는 한국의 독립운동에 대한 기사를 썼다.

태평양전쟁 발발 후 1942년 일본은 눈엣가시였던 테일러 부부를 송환선에 실어 강제 추방했다. 앨버트는 끝내 딜쿠샤로 돌아오지 못한 채 1948년 미국에서 생을 끝마쳤다. 유언대로 남편을 묻기 위해 메리는 다시 한국을 찾기도 했다. 메리는 1982년 일생을 마쳤지만 그의 아들 브루스가 메리의 유작과 행적을 정리해 '호박 목걸이'라는 자서전을 출간했다.

이 책에는 1917년부터 1948년까지를 중심으로 외국 여성이 본 20세기 초 혼란기 서울 모습이 고스란히 녹아 있다. 그녀는 러시아인을 포함한 많은 외국인과 교류했고 3、1운동과 고종 황제의 장례식을 직접 목격하기도 했다. 또, 한국인과 한국 자연 등에 관해 다채로운 기록을 남겨 놓았다.

금강산 일만 이천 봉을 보면서 "억겁의 시간 동안 사라져간 수많은 영령이 말 없는 어떤 신에게 구원을 간청하며 뻗어 올린 기도하는 손들"로 묘사하기도 하였다. 메리는 세상을 떠나기 전까지 캘리포니아에서 또 다른 딜쿠샤를 짓고 살면서 한국 생활을 그리워하는 마음을 그림과 함께 이 책에 담았다고 하니 이 책을 읽으면서 역사에서 기록이 얼마나 소중한 것인가, 그리고 외국 여성이 본 서울 모습을 찾아보고 오늘의 모습과 비교하여 보는 것도 의미가 있을 것 같아 너에게 소개한다. 이런 책을 읽으면서 2학년 때 배울 역사와 관련지어 보기를 바라는 마음 간절하다.

영주야,
항상 물음으로 다가가기를

영주야, 이제 고3이 되고 진학과 관련해 여러 가지로 걱정하는 것도 많겠지? 난 40년이 넘는 오랜 교직생활을 통하여 느끼는 바가 있어 몇 자 적어 보려 한다. 그것은 사람은 인간관계를 어떻게 보는가 하는 관점의 차이를 가지고 있다는 것이다. 학교생활을 하면서 졸업 후의 장래까지 생각하면서 계획을 잘 세워 차근차근 자기 앞길을 헤쳐 나가는 학생들이 있는 반면, 그러지 못하는 학생들이 있는데, 그 둘 사이의 차이점이 최근 들어 눈에 들어온다. 어떻게 보면 아주 사소한 차이일 뿐인데 결과로 보면 상당히 큰 차이가 났다는 것이다.

예를 들면, 학생들 중에는 계획을 세우고 실행하는 데 있어 적극적으로 교사의 도움을 요청하는 학생이 있는가 하면, 어떤 학생들은 교사가 도와주겠다는데도 그 도움을 잘 활용하지 못하는 이들도 있다. 즉, 선생님에게 자주 찾아가 묻는 학생이 있는가 하면, 다른 누구의 도움을 받지 않고 혼자 알아서 조용히 일을 해결하고자 하는 스타일이 있다. 사실 이는 성격의 차이일 수도, 신념의 차이일 수도 있으니 뭐기 옳다 그르다 할 수는 없다. 그런데 대부분 결과는 도움을 잘 청하는 학생이 그러지 못한 학생에 비해 훨씬 좋다. 왜냐하면 선생님들은 학생들이 생각하는 것보다 많은 경험과 인연의 자산을 가지고 있어 학생들이 몰랐던 것을 연결해줄 수도 있기 때문이다. 난 대학 다니는 아들에게 가끔 교수님을 찾아가 인사를 드리라고 가르친 이유는 졸업 후 지원하려는 대학원이나 업종에 지인을 소개해줄 수도 있기 때문이다.

후자의 학생들이 잘못 생각하는 것 중 하나가 '선생님들은 바쁘니까 나 같은 학생이 시간을 빼앗는 건 실례이지 않을까?'라고 지레짐작하는 것이다. 교사는 자신의 성장 못지않게 그 이상으로 제자가 잘되는 모습을 보는 것이 보람일 것이다. 아무리 바빠도 모르는 것을 물으며 학생 스스로 노력하는 모습을 보여주는데 싫어할 선생님이 어디 있겠는가? 선생님께 찾아가 질문하는 것이 처음에는 조금 쑥스러울 수도 있겠지만, 선생님은 그런 학생의 미래를 위해 자신이 쌓아온 경험과 인연을 총 동원해 학생이 최고의 선택을 할 수 있도록 도와줄 것이다.

두 번째로, 얼마나 대담한가, 대담하지 않은가에서 차이가 난다. 가끔씩 나는 '저 학생이 설마 저렇게 높은 목표를 이뤄낼 수 있을까?' 하는 의구심이 들 때도 있었다. 예를 들어, 가르치던 학생 중 한 명이 의사가 되고 싶다고 하는 것이었다. 아직 공부가 부족한 학생이 그런 대담한 목표를 삼았다는 것이 대단하기도 했지만 실제로 가능할까라는 염려도 들었다. 하지만 그 학생은 나중에 의사가 되는 것을 보았다.

누구나 살다 보면 '내가 감히 이렇게 큰 목표를 이룰 수 있을까?' 하는 마음이 올라올 때가 있다. 하지만 결국 누군가는 그 일을 해낸다. 그들이 이룰 수 있었던 것은 '감히 내가?'라는 의심이 올라오거나 주위 사람들이 "어렵지 않을까?"라고 말할 때 '에이, 나라고 뭐 못할 게 있어?' 하고 맞받아쳤기 때문이다. 물론 그런 목표를 세운 후에는 부단한 노력을 한다는 전제가 있어야 한다. 하지만 노력도 외톨이로 홀로 하는 것이 아니고, 그 길을 이미 가 본 인생 선배의 도움을 적극적으로 받아가면서 그 길을 가는 것이다. 혼자 가다 보면 중간에 그만두기 쉽지만, 멘토와 이야기를 나누며 가다 보면 조금 힘든 시기가 와도 잘 넘어갈 수 있기 마련이다.마지막으로 일정한 틀 안에서 사는 것을 넘어서서 '자기 방식'이 나오는 학생들이 공통적으로 미래를 잘 헤쳐 나간다. 학생들 가운데에는 선생님이 무엇을 원하는지 잘 알아서 그것에 딱 맞게 자료를 만들어 오는 모범생들이 있다. 그런데 그런 자료는 성실함은 묻어나지만 혁신적이거나 흥미 있는 아이디어는 찾기 힘들다. 하지만 간혹 과제 내용을 단순히 좋은 성적을 받기 위함이 아닌, 자기 삶의 중요한 어떤 부분을 밝히는 좋은 기회라는 생각으로 공부하는 학생이 있다. 그 결과물을 받아보면 학생 스스로 동기부여가 되어 눈부신 노력과 독특하고 새로운 내용이 그 안에 들어 있다.

한마디로 정의를 내리자면, 무엇을 하든 두려움이 없는 학생이 자기 스스로를 성장시키고 미래를 잘 헤쳐 나가는 것 같다. 선생님뿐만 아니라 배울 것이 있는 사람에게 대담하게 다가가 실문하고, 남들이 '감히?'라고 생각하는 목표를 세울 수 있고, 정해진 틀도 내 방식으로 바꾸는 것을 두려워하지 않는 학생. 자신의 미래를 위해 그런 용기를 내는 사람을 세상도 도울 것이라 믿는다. 그런 사람은 하늘이 이미 정해 놓은 것이 아닌, 나 스스로가 되어야지 하고 용기를 내는 순간, 내 운명의 방향도 바뀌는 것을 느끼게 될 것이다.

인선아,
성장을 위하여 자기 관찰이 필요하다

인선아, 요즘 학교에서 진로교육을 강조하면서 많은 학생들이 책상 앞에 나름의 목표나 구호를 써 붙이곤 하는데 넌 어떤지? 그런데 구호만으로 아무 것도 이룰 수 없다는 사실이다. 현실을 파악하고 목표에 다가가기 위해 무엇이 필요한지 생각해 보는 게 어떨는지? 모든 과학 연구는 관찰과 실험에서 시작한다. 자기 통제도 마찬가지이다. 넌 다른 아이들과 다르게 휴대폰을 가지지 않고 있다는 것이 보통의 통제력이 아니라고 교장선생님은 생각한다.

공부를 잘 하고 싶으면 공부에 대한 거울이 필요하지. 실물 거울이 아닌 네 자신을 점검한 관찰 항목이 너의 거울이 되는 것이란다. 이처럼 자기 자신을 먼저 관찰할 필요가 있다. 이것을 자기 관찰이라고 한다. 자기 관찰이 축적 되어야 그 다음에 무엇을 어떻게 해야 할지도 알 수 있다. 게다가 자기 관찰에는 덤으로 강력한 효과까지 따라 온단다.

역사 기록을 보면 1404년 음력 2월 8일, 조선의 3대 임금 태종 이방원은 노루 사냥을 갔다. 그는 활을 메고 말을 달리다가 그만 말에서 떨어지고 말았다. 다치지는 않았지만 몹시 창피했다. 태종은 주위를 돌아보며 "사관이 알게 하지 말라"고 명했다. 그런데 우리가 이 사실을 알 수 있는 이유는 사관이 왕의 이 꼴사나운 이야기를 실록에 그대로 남겼기 때문이다.

역사가 뭐라 하건 신경 쓰지 않는다는 사람도 있지만 대부분의 사람은 역사는 몰라도 주변의 평판이나 눈길을 몹시 의식하게 된다. 형제와 피 튀기는 권력투쟁을 벌인 냉혹한 군주가 고작 사관의 눈과 귀를 두려워하는 것이 사람의 마음이다.

재미있게도 사람은 스스로의 눈길도 두려워하는 듯하다. 셸리 두발과 로버트 위클런드는 사람들에게 지능과 창의성에 대한 긍정적, 또는 부정적 피드백을 해주었다. 그리고는 피드백을 받은 사람을 대기실에서 혼자 기다리게 두었다. 대기실 중에는 자신의 모습을 볼 수 있도록 거울을 둔 대기실도 있었고 빈 벽만 있는 대기실도 있었다. 그런데 부정적 피드백을 받은 사람들은 거울이 있는 대기실에서 금세 나오고 말았다. 못하고 있을 때는 관찰이 처벌이 된다. 사람들은 관찰을 꼭 두려워하는 것만은 아니다. 예쁜 옷을 입으면 거울 앞을 떠날 수 없고 남들의 눈길도 즐겁기만 하다.

하지만, 잘하고 있을 때는 관찰이 보상이 된다. 따라서 관찰을 잘 활용하면 그것만으로도 행동을 바꿀 수 있다. 스스로 자신을 관찰하기만 해도 자기 통제는 훨씬 쉬워진다. 이렇게 관찰로 사람의 행동이 바뀌는 것을 반동성이라고 한다. 방에다 거울이나 비디오 카메라를 두면 누가 보지 않아도 사람들은 일이나 공부를 더 열심히 하고 더 도덕적으로 행동하려는 경향이 있다.

이제 스스로에게 거울을 보고 자기 자신의 모습을 성찰하게 하는 시간은 어떨까? 얼굴만 보는 것이 아니라 마음을 들여다보는 거울이 필요하다.

리더의 고독

리더는 항상 고독합니다. 결과가 나쁠 때는 자신을 들여다보며 자신을 탓하고, 결과가 좋을 때는 그 기쁨을 남에게 돌려야 한다는 것을 알기 때문입니다.

리더도 칭찬받고 싶습니다. 자랑하고 싶습니다. 그러나 리더는 그 찬사와 자랑을 창밖의 다른 사람들에게 돌립니다. 이런 양보와 희생, 고독과 외로움을 감당할 때, 사람들은 그를 다르고 믿고 존경합니다.

리더는 말이 적습니다. 침묵 속에서 잘못된 일의 원인을 찾아내고, 침묵 속에서 희망을 만들어 새 힘을 얻습니다.

지영아,
너의 행동 뒤에는 뇌가 숨어 있다

오늘 아침 비교적 일찍 등교하면서 과자를 입에 물고 손에 들고 온 학생들이 있었다. 아마 십중 팔구는 아침밥을 안 먹은 학생일 가능성이 높다. 그러나 오늘의 행동은 한 번에 이뤄진 것이 아닐 것임에 틀림이 없다. 뇌는 갑자기 하지 않았던 것을 하기 싫어하는 성질이 있다. 한 마디로 뇌는 늘 해오던 방식을 추구하기 때문이다. 한참 성장하는 시기에 충분한 영항을 섭취하여야 할 아이들이 열량이 높은 좋지 않은 과자를 먹는 습관은 장래의 건강에 하나도 도움이 되지 않을 것이다.

불 꺼진 방에서 학생을 찾아다닌 선생님이 있다. 시청각장애인을 돌보는 교사인 미트 필이다. 이 학교는 평소에 불을 걸 필요가 없다. 아이들이 앞을 보지 못하기 때문이다. 어느 날 학생 한 명이 사라진 걸 안 필은 황급히 기숙사를 뒤지기 시작했다. 몇 시간 동안 찾아도 없어 학교 밖까지 나가봤다. 그러던 중 갑자기 정신이 든 필, 학생 방에 들어가 불을 켰다. 없어졌던 아이는 거기 침대에 누워 편안히 쉬고 있었다.

좀 모자라 보이지만, 필은 멘사 회원이다. 학교엔 늘 불을 꺼놨기 때문에 불 켤 생각을 못 했다. 이 같은 행동에 대하여 데이비드 디살보는 “뇌 때문이다”라고 진단한다.

이처럼 우리를 속이고 바보로 만드는 것이 뇌이다. 일반적으로 뇌는 지식 · 지혜를 책임지는 기관으로만 생각하지만, 사실은 저 편한대로 작동하는 기관이 뇌다. 작동이 간편하도록 규칙을 세우고, 노력은 최소한만 들이려 하는 성질을 가지고 있다. 위험을 줄이고 피해를 방지하도록 진화해왔기 때문이다. 그래서 필이 겪은 것처럼 다급한 상황에서 ‘불을 켜야 한다’는 당연한 생각을 하는 것도 쉽지 않다.

뇌는 늘 해 오던 방식을 추구할 뿐 아니라 게으르다. 전문적인 연구에 의하면 깨어있는 시간 중 46%는 딴 생각을 하기도 하고 핑계도 잘 댄다. 나쁜 일이 생기면 어디에서라도 원인을 찾으려 애쓴다. 아이들에게 꾸중을 하면 즉각적으로 변명 이유를 대는 것도 뇌가 반응하는 어쩔 수 없는 현상중의 하나이다. 아침에 잘못한 행동도 교장 선생님에게 걸린 게 재수가 없었기 때문이라고 생각하는 식이다.

또한, 사실보다 이야기에 쉽게 끌리기도 한다. ‘BMW를 강렬히 가지고 싶어하면 언젠가 가지게 된다’는 식의 스토리를 뇌는 마음에 들어 한다. 건강식품을 파는 상인들이 노인들을 유혹하는 말은 이 원리를 이용한 것이다.

과학 칼럼니스트인 데이비드 디살보는 '나는 결심하지만 뇌는 비웃는다'라는 책에서 뇌에 대한 다섯 가지 대표적 오해를 이야기 하고 있다. 발전적이고 치밀하며, 성실하고 주도적이고 스마트하다는 건 뇌에 대한 환상이라고 단언한다. 그는 뇌를 이기는 방법도 제시한다. 예를 들어 다이어트에 성공하려면 뇌가 자만하지 않도록 목표를 쪼개서 잡고, 성취할 때마다 즉각적인 피드백을 줘야 한다.

훈계조의 자기계발서 때문에 '내 의지가 문제'라며 고민했던 사람이라면 저자의 주장을 위안 삼을 만하다. "우리에게 필요한 건 뇌에 대한 과학적 이해이지 태도에 대한 조언이 아니다"라는 목소리다. 지금까지 하지 않던 일을 쉽게 잘 하는 사람이 없는 것은 뇌가 그렇게 우리를 운전하기 때문이다. 이제부터는 너의 행동이 익숙한 행동인가 아니면 낯선 행동인가를 잘 생각하면서 뇌가 무엇을 원하는가를 판단하는 관점이 있다면 너의 삶은 달라질 것이라 믿는다.

제가 불량 식품을 사먹는 게 습관이 되었다는 것을 알 수 있었습니다.

또 불량식품이라는 존재가 인체에 얼마나 안 좋은지...

품질이 안 좋다는 것도 다시 한 번 깨달았습니다.

이제부턴 불량식품을 먹지 않도록 열심히 노력하고, 제 주변인이 불량식품을 먹는다면 이런저런 이유를 대어 사먹지 않도록 막겠습니다.

교장 선생님께서 불량식품에 대해 일깨워 주셔서 감사합니다.

민아야,
공부는 네 인생에 대한 예의다

민아야, 일전에 내가 추천한 '공부는 내 인생에 대한 예의다'라는 책을 잘 읽었다니 참 다행이구나. 누군가가 여러 이야기나 또는 좋은 안내를 하여도 그것을 상대방이 받아들이지 않으면 아무 도움이 되지 않기 때문이지. 이 책을 읽고 나서 책을 많이 읽어야 하겠다는 생각이 든 것은 책을 통하여 많은 정보를 얻고 깨닫게 되었고, 책을 읽다보니 이모저모로 공감하는 부분들도 많이 있었고, '아, 이런 방법도 있구나.' 하며 깨닫기도 하면서 책을 읽으니 책이 참 재밌게 느껴졌다니 이번 책읽기의 효과는 정말 컸다고 교장 선생님은 믿는다.

특히 책에서는 저자의 공부법들도 나와 있었는데 그 중에서도 손으로 쓰면서 소리 내어 말하면서 하는 공부가 있었는데 이 부분에서는 너도 공감을 하면서 읽었다니 이런 방법을 꼭 실천하여 보기 바란다. 또, 누군가에게 설명하는 것처럼 공부를 하면 더 이해가 잘 되는 것을 발견하고 공부를 할 때마다 이런 방법을 적용한다는 것이 네 실력이 유지되는 또 다른 이유일 것이라고 생각되기도 한단다.

그리고 책의 작은 부분 중 '100번의 복습보다 1번의 예습!' 이라는 타이틀의 글이 있었는데 이 저자는 새벽 5시에 일어나서 그 날의 수업 내용을 1시간 정도 예습을 하기에 그 날의 수업에 흥미가 가고 집중이 더 잘 된다는 것은 너도 잘 알고 있는 사실이라 하였지. 하지만 이 예습이란 것이 쉽게 할 수 있지만 잘 되지 않아 문제라고는 네 자신의 문제점을 잘 알고 있으므로 앞으로 너도 미리 예습을 할 수 있도록 구체적인 계획을 세우는 노력이 필요할 것 같다.

지난번 너에게 준 글에 선생님과 사이가 안 좋다면 그 사이를 회복하고 공부를 할 수 있도록 하라는 내용이 들어있었지? 너도 그 글문을 보고 열심히 들어야겠다는 생각이 마구 떠올랐지만 그것도 금방 잊어버리고 생활했던 것 같다는 너의 솔직한 고백은 앞으로 네 자신을 변화시켜 줄 원동력이 될 수도 있을 것이다. 그러니 좀 더 노력을 하면서 실천할 수 있도록 습관화가 되어야 가능한 일이다. 독일의 철학자 칸트는 철학사를 통하여 가장 위대한 철학자 중의 한 사람이다. 칸트는 원래 몸이 약했지만 장수하며 세계적인 철학자로 성공하게 된 것은 생활습관이라고 하였다. 칸트는 같은 시간에 같은 거리를 같은 속도로 산책할 뿐만 아니라 일정한 양의 음료수를 마시는 것까지도 규칙으로 삼아 모든 사람이 알고 있을 정도이다.

인생은 매일이 새롭지만 일정기간 동안은 반복된 생활을 한다. 오늘도 학교에 가고 내일도 그렇고 또 공부하고…. 이처럼 생활 습관은 생활 행동의 반복으로 이루어지는 것으로 한 번 습관화 된 생활의 틀은 인격 형성의 바탕이 된다는 사실을 명심하기 바란다. 그래서 네가 느낀 책을 많이 읽어야 되겠다는 생각이나 100번의 복습보다 1번의 예습을 통하여 모르는 사항을 체크하여 두었다가 학교에서 선생님이 어떻게 가르쳐주는가를 지켜보고, 확실한 이해가 되지 않을 때 다시 질문을 통하여 배우게 된다면 확실히 네 것이 되기 때문이다. 존 드라이든은 '처음에는 자신이 습관을 만들고 나중에는 습관이 자신을 만든다. 작은 내가 모여 강을 이루고, 강물이 모여 바다를 이루듯 보이지 않을 정도의 작은 습관이 모여 큰 습관을 만든다.'고 하였다. 그만큼 습관은 운명을 바꾸고 인생을 바꾼다. 그래서 인간은 습관의 묶음으로 이뤄진 존재라고 규정하였단다.

마지막으로 너만의 공부법을 찾으며, 공부만 하는 것이 아닌 자유로운 시간도 즐기면서 공부도 즐기는 대한민국의 한 학생이 되겠다는 너의 희망이 꼭 이루어지길 교장 선생님도 기대한다.

예습은 정말 쉬우면서 실천하기 어려운 거라 생각합니다.

구체적인 계획을 세워 실천하고 학교에 도착하여 약 50분 동안 오늘 배울 시간표에 따라 교과서로 할 계획입니다.

이번 중간고사에 만족할 만한 성적을 내지 못하였는데 수업시간에 집중하여 좋은 성과를 내도록 하겠습니다.

은채야,
인생에서 행복한 것은 무엇일까

은채야, 넌 올 1학기 동안 성적에서 놀라운 진보를 보인 학생 가운데 한 사람이다. 네가 노력한 만큼 그 결과는 좋게 나왔다고 믿는다. 그러나 너와 이야기를 하면서 아직 뚜렷한 진로를 결정하지 못한 것 같아 오늘 너에게 이같이 편지를 쓴다. 진로란 단어를 한자로 풀이하면 '進(나아갈 진)'과 '路(길 로)'로 '나아갈 길'이다. 진로는 나침반이나 자동차 내비게이션 역할을 하는 셈이다. 내 진로가 정해지면 목적이 정해지는 것이고 천천히 가더라도 목표 쪽으로 나아간다면 빨리 움직이더라도 방향 없이 달리는 사람보다 목적지에 빨리 갈 수 있다.

그러나 목적지는 누구에게나 똑같지는 않다. 목적지는 자신이 좋아하고 잘하는 분야를 선택하는 것을 고려해서 선정해야 한다. 만약 모든 사람에게 목적지가 똑같다면 경쟁이 매우 치열할 것이고 재미도 없을 것이다. 인생의 목표는 결승점이 똑같은 100m 달리기가 아니라 다양한 분야에서 잘

하고 좋아하는 것을 찾아가는 것이다.

인생에서 가장 행복한 것은 좋아하고 잘하는 분야에서 직업을 선택하고 경제적인 문제까지 해결하는 것이라고 할 수 있다. 그렇다면 진정으로 잘하고 좋아하는 분야는 어떻게 찾을까? 정답은 많이 경험해 보고 노력하는 것이다. 사실 꿈은 찾는 게 아니라 만드는 것이다. 자신이 느끼고 갖춘 흥미와 적성이란 재료를 통해 만들어 가는 것이다. 꿈이란 나침반이고 최종 목표가 아닌 방향이라 생각한다.

한국 남성 발레의 교과서, 동양인 첫 키로프발레단 객원 무용수인 우리나라 최고령 현역 발레리노 이원국 씨 사례에서 진로에 관한 고민을 풀어보자. 그는 고등학생 때 일탈로 해방감을 찾으려고 했고 결국 학교를 자퇴하게 됐다. 계속된 가출과 방황 뒤에 돌아온 그에게 어머니는 피아노, 태권도, 수영, 그림, 서예 등을 권유했으나 2개월도 채 넘기지 못하고 모두 그만뒀다. 어머니는 평소 아들의 신체 조건을 고려해 마지막으로 발레를 권했는데, 1980년대 후반 무렵 남자가 하기에는 낯선 분야였다. 그러나 그는 어머니한테 효도 차원에서 참아 보고 배우게 됐다. 그는 3개월 뒤에 발레 동작에 빠지게 됐다. 발레를 하다 보면 마음이 늘 평안하고 목적이 생기고 나니 의욕이 생겨 더욱 노력하게 됐다.

진로는 발레리노 이원국 씨 이야기처럼 좋아하고 잘하는 것을 찾아가는 것이다. 적성과 흥미를 찾으려고 아무리 많은 진로검사를 하더라도 자신이 경험하지 못한 것은 정확한 검사라고 할 수 없다. 또한, 진로검사 결과를 무턱대고 믿는 것은 매우 위험하고 진로를 선택하는 과정에서 참조할 수 있는 자료일 뿐이다.

이 씨가 방황할 때 그의 어머니는 이렇게 말했다. "너는 충분히 할 수 있는 데 흥미를 느끼는 분야를 찾지 못한 것이다. 이 세상에는 흥미를 찾지 못하고 죽는 사람이 많다. 흥미와 적성을 찾았어도 노력을 덜 했든지 아니면 다른 길로 간 것이다." 이처럼 이원국 씨 어머니는 훌륭한 진로 멘토였다. 훌륭한 멘토는 어디에서 찾을까? 가장 좋은 방법은 멘토 없이 이 세상의 모든 것을 경험하는 것이지만 그것은 거의 불가능하다. 경험하지 못한 부분은 책과 멘토로부터 간접 경험을 해야 한다. 멘토 자격은 어머니, 선생님, 친구, 선배 등 모두가 될 수 있다.

그런데 잘하고 좋아하는 분야가 이 세상에서 필요하지 않으면 문제가 될 수 있다. 우리나라에 그 분야가 없고 외국에 있다면 외국에서 꿈을 펼칠 수도 있다. 세상에서 요구하고 원하는 분야와 내 적성의 교집합을 찾아야 한다. 그리고 현재 유망한 직종은 본인에게 유망한 게 아니다. 좋아하고 잘하는 분야가 유망 직종이다.

학생들에게 진로교육을 강조하면 마치 진로가 정해지지 않은 학생은 꿈이 없는 학생으로 간주하는 오해를 불러일으킨다. '현재 생각한 진로로 영원히 간다.'는 것은 누구도 보장할 수 없다. 진로를 정하지 않으면 목표가 없고 의욕이 없다고 오해하는데, 진로는 변한다. 어렸을 때 청국장이 싫다가 좋아지는 것처럼 어릴 때 꿈이 소방관이었더라도 자라면서 화가나 출판사 사장 등으로 바뀔 수 있다. 이처럼 진로를 탐색하는 과정에서 새로운 경험으로 꾸준히 도전해 나가야 한다. 그런 진지한 탐색과정이 동기를 일으켜 꿈을 만들고 의욕을 부추겨 열심히 도전하게 하고 새로운 분야에도 도전시키는 원동력이 될 것이다. 꿈은 진화하는 것이다. 꿈을 아직 확실히 정하여 공부한다면 넌 분명히 행복한 삶을 살아가리라 믿는다.

발견의 즐거움

삶이 멋진 이유는 끊임없이 새로운 것을 발견하기 때문입니다. 발견의 즐거움이 없다면 삶은 금방 지루해질 것입니다.

하지만 누구나 발견의 즐거움을 누리는 것은 아닙니다. 새로운 눈이 있어야 합니다. 이미 가진 땅이더라도, 지금 가지고 있는 것들이라도 새롭게 볼 줄 알아야 합니다.

꽃 한 송이도 새로운 눈으로 보면 새 꽃입니다. 누구라도 그를 새롭게 바라보면 다른 사람이 되어 다가옵니다.

새롭게 보는 눈이 있으면 발견의 즐거움은 끝없이 계속됩니다.

지수야,
꿈은 에너지의 원천이다

지수야, 내가 동산여중에 부임하여 너를 처음 만나 "네 꿈이 뭐냐?"고 물었었지? 너는 7살 때 TV에서 여경을 다룬 드라마를 보고 멋진 형사가 되겠다고 다짐했었으나 중학교 1학년 때 수학의 재미를 알려주신 선생님을 만나고 나서 수학 선생님 되는 것이 꿈이라 생각했었지. 그러나 고입을 앞둔 상황에서 지금 네 꿈이 희미해졌다니 깊이 생각해 보는 시간을 가져 보면 좋겠구나. 교장 선생님은 네가 가능한 꿈을 정하여 고등학교를 진학하였으면 좋겠다는 생각이다. 물론 앞으로 또 바뀔 가능성은 얼마든지 열려 있겠지만…

내가 잘 아는 황성주 박사는 의대 교수로 이름이 널리 알려져 있는 분이나. 그러나 그는 생식회사를 세웠다. 황 박사님이 생식회사를 세운 건 '꿈' 때문이다. 암에 대한 면역치료 요법을 시술해 효과를 보면서 암 치료율을 극대화하는 병원을 가지는 꿈을 꿨다. 결국 그는 암 전문병원을 설립했고, 암 환자에게 필요한 식이요법을 고민하다가 생식을 개발하게 된 것이다.

이처럼 꿈은 에너지의 원천이다. 꿈이 없는 사람은 열정적으로 일을 할 수가 없다. 공부를 열심히 하기도 어렵지. 왜? 꿈이 없는데 공부해야 할 이유가 없지 않니? 이분이 좋은 꿈을 꿀 수 있는 것은 대학시절 위대한 '꿈쟁이' 스승을 만났기 때문이다.

그 선생님은 항상 '사람은 현실에 적응해 사는 것이 아니라 꿈에 적응해 사는 것'이라고 얘기를 했다. 덕분에 이분은 젊어서부터 꿈을 꾸고, 그것을 실현하기 위해 애썼단다.

신문을 보고 책을 봐도 거기서 꿈을 꾸었다. 특히 좋은 기사나 사진을 오려 스크랩을 했다. 이런 것들은 꿈을 유발하고 강화하는 자극제가 되기 때문이다. 좋은 건물을 보면 강렬한 자극이 돼 꿈이 솟구쳐 오르고, 위대한 인물을 만나면 그 강점들을 스펀지처럼 흡수하려 했다. 꿈쟁이에게는 그 어떤 지식과 경험도 꿈을 강화하는 요인이 된다.

이분은 삶을 통하여 학생운동가, 의사, 교수, 병원장, 학교 이사장, 국제봉사단체 대표, 기업의 CEO, 교회 목사 등 많은 일을 경험하고 있다. 지금까지 너도 꿈에 대하여, 꿈을 꾼 사람에 대하여 많은 이야기를 들었을테지만 아직 네 마음에 확실하게 와 닿는 사람을 아직 발견하지 못했을 뿐이라고 믿는다.

그리고 꿈이 없으니 공부도 손에 잡히지 않았다는 네 이야기는 매우 공감이 간다. 이제라도 네 꿈을 활짝 피울 학교는 어디인가 잘 생각하여 보기 바란다. 교장 선생님은 이 아름다운 동산 순천동산여중에서 많은 학생들이 선생님을 만나고 친구를 만나 꿈꾸는 동산이 되기를 소망한단다.

희송아,
리뉴 동아리 대표로 수고가 많았다

2학기도 거의 끝나는 11월 마지막 주가 시작되었구나. 2014. 전국학교 스포츠클럽 창작댄스 대회에 댄스 동아리 '리뉴'팀이 출전하게 된 것을 교장 선생님은 진심으로 축하한다.

지난 11월 8일부터 열린 울산의 대회를 통하여 정말 많은 것을 배웠겠지? 대회 가기 전 안무를 익히고 숙달되기까지 계속 연습을 통하여 익숙한 단계에 이르기까지 앞장 서 지도하느라 고생이 많았다. 때로는 연습과정이 힘들어 그만두고 싶을 때도 있었을 것이다. 하나의 작품이 완성되기까지는 기본을 바탕으로 지루한 반복의 과정에서 매우 힘들었을 것이다.

세상에 땀 흘리지 않고 거두는 열매는 없다. 세상 삶의 원리는 심는대로 거둔다는 것이다. 무슨 일이든 처음 시작이 어렵고 그 기본자세가 중요하다. 또한, 눈으로 보기는 쉽지만 모든 멤버가 한 마음이 되어서 일체감을 이룰 수 있게 되기까지 많은 시간이 필요하다는 것을 느꼈을 것이다. 그리고 지금까지 순천시와 전남에서는 우리 학교 팀이 최고였다고 생각하였지만 각 지역의 대표되는 학생들이 모인 대회는 역시 그 벽을 넘기가 쉽지 않았을 것이다.

이처럼 대회를 통하여 많은 사람들을 만나고 색다른 것을 체험한 것처럼 세상 모든 일이 내가 알지 못하는 넓은 세계가 있다는 것을 깨달았다면 그 이상 큰 수확이 없다고 믿는다. 그리고 울산이라는 도시를 여행하면서 조그만 순천에만 머무르지 않고 더 넓은 세상을 꿈꾸는 기회가 되었다면 금상첨화가 아닐런지?

우리는 대부분이 어떤 대회에 나가면 상을 목표로 하기가 쉽다. 그런데 김효신 선생님이 이야기 하신 것처럼 나도 "등수가 중요한 게 아니라 대회에 출전하는 것과, 열심히 하면서 그 과정이 좋았고 즐거웠다면 가장 값진 시간이었다."고 생각한다. 이제 어떤 학생은 공부에 집중하기 위해 동아리를 그만 두겠다는 결심을 하는 것도 자신의 판단이 만들어낸 좋은 선택이라 생각한다. 또 그동안 이같은 집단 동아리를 통하여 함께 즐기면서 삶의 질서와 예의를 배우는 기회가 된 것은 아주 가치있는 일이 아닐까?

희송이는 이 대회가 마지막 대회이기에 중학교에서의 가장 좋은 추억이 될 것 같구나. 좋은 추억으로 남기까지는 때로는 마음 상할 때도 있었을 것이며, 마음처럼 되지 않아 불평불만하는 후배들을 달래느라 힘들었을 때도 있었을 것이다. 하지만 모든 것을 감사함으로 생각한다면 모든 것이 합력하여 선을 이루리라 믿는다.

우리 삶이 마지막 종착역에 다다를 때까지 리듀 동아리에서 배운 것들을 잘 생각하면서 항상 건강을 유지하기 위하여 노력하고 주어진 학업에도 열심히 하기를 교장 선생님은 바라면서 이만 줄인다.

유란아,
좋은 경험을 미래에 살려 보기 바란다

유란아, 넌 이번에 정말 좋은 경험을 하였구나. 아마도 이 경험이 너의 장래를 이끌어 줄 북극성이 될지도 모르겠다. 친구들이 힘들어 할 때 슬퍼할 때 같이 옆에 있어주고 위로해 주고 싶어서 시작한 또래 상담자를 중학교 1학년 때부터 시작하였다니 그 출발이 매우 아름답구나!

또래상담자를 하고 싶어 하는 친구들이 많아서 오디션으로 뽑게 되었는데 합격자 명단에 있는 것을 보고 정말 행복했다는 넌 다른 사람이 알지 못하는 세계에 들어가는 기쁨을 누리고 있구나. 또 이때가 행복했을 뿐만 아니라 처음으로 상담사가 되고 싶다는 꿈을 갖게 되었다니 대단하다.

네가 진심으로 친구들에게 다가가 어려울 때, 힘들 때 힘이 되어주고 싶다니 앞으로 계속 공부를 한다면 충분히 상담사의 꿈을 이룰 수 있으리라 교장 선생님은 믿는다.

이런 마음을 가지고 우리학교에서 3여 년간 열심히 적극적으로 활동하였기에 또래 상담자 우수사례로 뽑혀 교육감 상을 받게 된 것이 아닌가 싶다. 시상식 당일 날 수상자 명단에 네 이름이 올라가고, 무대에 서는 순간 정말 행복했겠구나. 그동안 상담하면서 힘들어했던 시간들, 멈칫 했던 시간들, 큰 용기가 필요했던 시간들이 떠오르면서 이 순간이 보람차고 네 자신이 뿌듯했었지? 정말 말로 표현할 수 없을 정도로 기뻤을거라 생각 된다.

또래 상담자 우수사례 공모전에는 처음 도전해 본 것이고 아직 부족한 점도 많았겠지만 수많은 참가자들끼리의 경쟁 속에서 이겨내고 최우수상을 타면서 그동안의 모습을 되돌아보고 반성도 하면서 한층 더 성장 할 수 있는 것에 의미가 큰 것 같다. 이번 수상을 계기로 또래 상담자로서 당당하고 더 즐겁게 적극적으로 여러 가지 활동에 참여할 수 있는 시간을 만들어가기 바란다.

유지야,
왜 교육을 받아야 하는지 알고 있니

유지야, 왜 많은 사람들이 많은 돈을 들여 대학까지 가는지 생각해 본 적이 있는지? 교육을 받은 사람은 개인의 소득을 증가시킬 뿐 아니라 보다 나은 건강, 낮은 범죄율, 정치나 지역사회 참여에 긍정적인 영향을 미친다는 사실은 잘 알려져 있다. 학교교육을 추가로 1년 더 받으면 담배 소비의 경우 남성은 1.6개비, 여성은 1.1개비가 줄어들고 주당 17분의 운동시간을 늘려준다고 한다. 교육수준이 높은 사람은 비만이 될 가능성이 낮고, 오염이 적은 거주 지역을 선택하고, 건강 관련 정보를 파악하고 활용하는 일에도 익숙하다고 한다. 또한 교육은 주관적 복지를 의미하는 행복지수 향상에도 긍정적인 영향을 미친다는 것이다.

이외에도 교육은 학교를 다니는 젊은 세대의 바람직한 사회화에 영향을 미치게 되어 범죄율을 낮추며, 이는 사회복지 프로그램의 개발이나 범죄 예방 및 법 집행에 지출되는 비용을 줄이게 된다. 또한 대학 졸업자는 고교 졸업자에 비해 자원봉사 시간이 두 배 가까이 되고 기부금이 50% 이상 많은 것으로 나타나고 있다. 개인이나 사회 전체에 이러한 이익이 나타나는 데는 상당한 시간이 걸린다. 하지만 이만한 변화를 이루어 낼 수 있는 다른 수단이 거의 없다. 때문에 선진국들은 교육에 상당한 투자를 하고 있는 것이라 생각한다. 문제는 이러한 시간을 기다려주는 인내와 장기적인 안목이다. 흔히들 교육을 국가백년지대계라 한다. 그만큼 한 사회의 장래가 교육에 달렸다는 이야기다.

미국의 레이건 대통령 시절 교육부 장관을 지낸 윌리엄 베네트는 미국 사회의 건강성을 판단하기 위해 이혼율, 범죄율, 10대 임신율, 마약 중독률, 학교 중퇴율, 낙태율 등과 같은 사회 도덕성 지표 34개를 연도별로 비교했는데 대부분의 수치가 떨어지고 있다는 것을 발견하게 된다. 그 이유에 대한 해석이 분분했는데 가장 유력한 원인이 약 한 세대 전인 1965년 존슨 대통령 시절에 도입된 헤드 스타트 프로그램이었다. 저소득층 유아 교육 및 보육 지원 프로그램인 헤드 스타트를 통해 가장 못사는 5세 이하 어린이와 부모 수만 명이 지원을 받았고 30여년이 지나서 그 효과를 보고 있다는 것이다. 당시 5세 어린이가 지금은 40대 중반이 되었을 것이며 이들은 헤드 스타트 프로그램이 없었다면 가난으로 말미암아 제대로 된 보호와 교육을 받지 못하고 사회적으로 낙오되어 범죄나 마약중독에 빠졌을 가능성이 높다는 사실을 생각하면서 세상을 보기 바란다.

이제 우리 나라가 선진국으로 도약하기 위해 해야 할 일은 진지하게 한 세대 앞을 내다보고 준비하는 일이다. 눈앞의 현안을 해결하는 일도 중요하지만 보다 근본적인 교육문제를 찾고 이를 해결하기 위해 국민의 에너지를 모아야 할 때이다. 너도 이같은 의미를 잘 생각하여 보고 네가 지금 꼭 해야 할 일이 무엇인가를 진지하게 생각해 보기 바란다. 그리고 네가 꼭 해야 할 일을 실천하기 바란다. 이것이 교장 선생님이 너에게 기대하는 것이다.

희망 씨앗

우리에게 희망은 절대적입니다. 희망 없이는 아무 일도 하지 않는 게 인간입니다. 나의 영혼은 나의 희망을 먹고 삽니다.

그렇기에 누군가에게 무언가를 주고 싶다면 희망을 주어야 합니다. 이것은 가장 귀한 것을 그에게 주는 것입니다. 진정한 마음으로 희망을 준다면 그는 어떤 경우에도 쓰러지지 않을 것입니다.

희망이란 마음 밭에 뿌리는 씨앗과 같아서 한 번 뿌려지면 스스로 자라 꽃을 피우고 열매를 맺습니다. 그 열매가 다시 새로운 희마을 만듭니다.

이 세상은 아침마다 희망의 꽃이 피어나는 정원입니다.

단결아,
신문은 최고의 지식 창고이다

단결아, 우리 학교에 입학하여 공부하는 재미가 어떠한지 궁금하구나? 친구들은 많이 사귀었는지. 오늘은 너에게 미래를 살아가는데 필요한 학습 자료를 소개하고자 한다. 이것이 바로 신문이다. 신문은 온갖 읽을거리를 제공해주는 정보의 바다이자 지식의 창고이다. 오늘날처럼 톱니바퀴 물린 듯 돌아가는 일상에서 그다지 큰 비용을 들이지 않고 다양한 삶의 양식을 가꿀 수 있는 수단으로 어디 신문만 한 것이 있을까. 그러기에 나는 이른 아침 깨어나자마자 거의 무의식적으로 현관문을 열어 조간신문을 주워드는 일로 하루 일과를 시작한다.

상큼한 잉크냄새가 확 풍겨온다. 흐릿해 있던 의식은 금세 또렷해진다. 세상이 아직 새벽의 단꿈에서 헤매고 있을 시각에 밤새 기사를 작성하고 편집하고 인쇄하느라 애쓴 이들의 체취가 채 가시지 않은 조간신문을 이렇게 현관 앞에 떨어뜨려 놓고 간 배달원의 노고에 고마운 마음을 갖는다.

조금이라도 빨리 펄떡이는 새 소식을 전해주려고 그들의 이마에는 구슬땀이 맺혔으리라. 정치면을 간단히 보고 곧바로 사회면으로 옮겨간다. 오늘은 또 무슨 사건들이 터졌나. 요즘은 세상이 이리 뒤숭숭해서야 장래 나라꼴이 어찌 될까 걱정이 되기도 하지. 지금은 한 기업가의 자살과 관련한 기사가 넘치는구나. 이내 경제면 쪽을 뒤적인다. 오늘은 원유값이 얼마나 오르고 농산물 값이 몇 퍼센트나 떨어졌나. 주식시세는 어떻게 되었지. 그리고 문화면은 내가 가장 관심을 갖고 보는 부문이다. 더 좋은 교육을 위한 기사도 더듬어 본다.

하루 중 깨어있는 시간의 일부분을 투자해 얻어내는 수확이 만만치 않다. 주먹구구식으로 이해득실을 따져보아도 플러스 쪽으로 훨씬 무게중심이 실릴 것 같다. 딱 부러지게 말은 못하지만 내 알량한 지식이랄까 식견의 절반 이상은 신문을 통해 얻어진다고 보면 대충 맞을 것 같다. 신문 속에는 세상을 살아가는 데 진실로 소중한 삶의 지혜가 수도 없이 숨어있다. 그 하나하나가 때로는 삶의 신선한 귀감으로, 때로는 자신을 돌아보게 하는 타산지석으로 각기 나름의 의미를 달고서 내게로 다가온다. 사실은 이것이 내가 신문을 읽는 진짜 이유이다.

그리고 내가 만난 사람들, 만나야 하는 사람, 해야 할 일을 관련지으면서 읽은 자료를 바탕으로 한편의 글을 쓰는 일을 마감하면 하루가 빠르게 지나간단다. 너도 기회가 허락된다면 지금부터라도 신문을 보면서 관심있는 분야를 깊이 있게 공부하기 기대하여 본다.

지희야,
과학의 달을 맞이하여

지희야, 4월은 과학의 달이다. 교내 과학 탐구대회에서 수상을 진심으로 축하한다. 생각보다도 많은 학생들이 관심을 갖고 이 행사에 참여했다. 과학발전은 장래 우리나라의 발전을 좌우한다는 것을 생각하면 교육을 통해 과학적 사고를 기르는 일은 매우 중요한 과제이다.

인류 과학사에서 영국의 프란시스 베이컨은 빼놓을 수 없는 존재이다. 그가 살았던 당시만 해도 과학과 철학이 같이 연구되었다. 그러나 베이컨은 그 당시의 패러다임을 넘어 연역법과 귀납법을 이야기했다. 연역법이란 삼단논법으로 A=B, B=C, 라는 논리이다. 베이컨은 연역법의 오류를 지적했다. "인간은 이성적이다. 000은 인간이다. 따라서 000은 이성적이다."

이건 그럴 때도 있지만 그렇지 않을 때도 있다. 즉 삼단논법은 수학에서 필요한 것이고, 과학에서는 귀납법이 필요하다고 주장을 한 것이다. 관찰과 실험을 통한 귀납법적인 관점에서 진리를 깨우쳐야 한다고 강조한 것이다. 하지만 엄밀히 말해 과학은 답이 없다. 인간이 정말 알고자 하는 것들에 대해서는 뚜렷한 답을 줄 수가 없다는 것이다. 과학은 처음부터 명확한 답을 줄 수가 없는 학문이다. 과학자와 변호사는 어떻게 다를까? 어떤 사람들은 소득에서 차이가 난다고 이야기 한다. 둘 다 공부를 해서 남을 설득시킨다는 점에서는 같다.

하지만 과학자는 답을 정하지 않고, 변호사는 답을 정해 놓는다는 차이점이 있다. 변호사는 답을 정해 놓고 왜 그 답이 맞느냐를 논리적으로 끼워 맞추는 거나 다름없다. 그것이 바로 재판관을 설득하는 논리이다. 과학은 답을 떠나서 개연성이 있고, 합리적인 것을 찾아 가는 것에 있다. 그러다 보면 어떤 답에 도달하게 된다는 것이다.

기원전 5세기에 태어난 그리스의 철학자 소크라테스는 아무런 저서가 없다. 하루 종일 젊은 사람들과 이야기를 했다. 만약 소크라테스가 서울대 철학과 교수로 왔다면 논문을 쓰지 않아서 퇴학을 맞았을 거라는 생각이 든다. 소크라테스가 주장한 것은 크게 세 가지 이다.

첫째, 과연 '우리 인간이 어떻게 해야 세상 진리에 이를 수 있는가' 이다. 소크라테스는 알고 있는 것도 처음부터 생각하고 다시 쌓을 때, 진리에 도달할 수 있다고 생각했다. 둘째, 인간은 교육과 환경에 의해 변할 수 있다고 생각 했다. 소크라테스는 이를 믿고 실천했다. 셋째, 당시 아테네 사람들은 어떤 삶이 가장 인간다운 삶일까에 대해 많은 고민을 했다.

이에 대해 소크라테스는 물질적으로 풍요로운 것이 아니라 때로는 실패하고 때로는 좌절하면서 성장하는 삶이 좋은 삶이라고 했다. 어려움을 겪고 그것을 극복해 나가는 삶이 가장 가치 있는 삶이라는 것이다. 여기서 배부른 돼지보다 배고픈 철학자가 낫다는 말이 유래된 것이 아닐까?

우리는 한 세대 만에 세계에서도 다른 나라들이 부러워하는 사회로 발전했다. 물질과 환경은 조금 노력한다면 금방 바뀔 수 있다. 하지만 사람의 의식은 몇 세대를 걸쳐야 가능하다. 짧은 시간에 놀라운 발전을 기록했지만 의식은 아직 제자리 걸음 수준이다.

그런 의미에서 우리나라가 현재 강조하고 있는 녹색 성장은 단순히 온실가스를 줄이는 차원에서 그쳐서는 안 된다고 생각한다. 녹색의 이면에는 '따뜻함', '가족 외 다른 이들을 도울 수 있는 정신적인 가치 창출하는 것', '올바른 시민의식'이 중요하다. 그래야만 대한민국이 세계가 인정하는 품격이 있는 국가가 될 것이다.

우리나라도 이제 단순한 경제성장만 자랑할 것이 아니라, 진정한 과학 발전을 통하여 전 세계에 도움을 주면서 인정받을 수 있는 일을 하는 나라로 발전하기를 소망해 본다. '관찰의 힘' 이라는 책을 권한다. 그래서 앞으로 너도 깊은 관찰을 통하여 네가 새로운 과학의 가치를 만들어내기 기대하여 본다.

수화야,
리뉴팀의 대상 수상을 축하한다

수화야. 올 해 '제5회 대한민국 청소년 끼 페스티벌'에서 네가 대표인 댄스 동아리 '리뉴'팀이 출전하여 중등부 대상을 수상하게 된 것을 교장 선생님은 진심으로 축하한다. 창작댄스를 하게 된 계기를 보면 우연이지만 역시 직접 리뉴의 공연을 보거나 자신이 스스로 춤을 좋아서 시작한 학생들이 대부분이구나. 그러나 일부는 친구의 권유나 선배의 권유에 의하여 춤이라는 새로운 세계를 접하게 되었다고 믿는다. 또 모두 하고 싶다고 되는 것이 아니라 오디션이란 관문을 통과하는 것처럼 들어가는 문은 그렇게 넓지만은 않았을 것이다.이번 대회를 출전하면서 연습과정에서부터 정말 많은 것을 배웠겠지? 대회 가기 전 안무를 익히고 숙달되기까지 많은 연습을 통하여 익숙한 단계에 이르렀다는 것이다. 때로는 연습과정이 힘들어 그만두고 싶을 때도 있었을 거야. 하나의 작품이 완성되기까지는 기본을 바탕으로 지루한 반복의 과정에서 매우 힘들었을 것이다. 이 세상에 땀 흘리지 않고 거둘 수 있는 열매는 없다. 세상 삶은 우연이 있을 수 있지만 큰 원리는 심는대로 거둔다는 사실이다. 무슨 일이든 처음 시작이 어렵고, 또 그 기본자세가 중요하다. 남이 하는 것을 보면 쉽게 보일 수도 있지만 모든 멤버가 한 마음이 되어서 일체감을 이룰 수 있게 되기까지 많은 시간이 필요하다는 것을 느꼈을 것이다.이번 대회를 통하여 많은 사람들을 만나고 색다른 것을 체험한 것처럼 세상 모든 일이 내가 알지 못하는 넓은 세계가 있다는 것을 깨달았다면 그 이상 큰 수확이 없다고 믿는다. 우리는 대부분이 어떤 대회에 나가면 상을 목표로 하기가 쉽다. 또 그동안 우리 학교를 졸업한 언니들과 함께 집단 동아리 활동을 통하여 함께 즐기면서 삶의 질서와 예의를 배우는 기회가 된 것은 아주 가치있는 일이 아닐까?

넌 3학년이기에 중학교에서 이번 수상이 가장 좋은 추억으로 남을 것 같구나! 좋은 추억으로 남기까지는 때로는 마음 상할 때도 있었을 것이며, 마음처럼 되지 않아 불평불만으로 힘들었을 때도 있었을 것이다. 하지만 모든 것을 감사함으로 생각한다면 모든 것이 합력하여 선을 이루리라 믿는다. 그동안 너희들을 위해 지도하여 주신 선생님에게도 감사하는 마음을 꼭 전하기 바란다. 앞으로 네가 직장생활을 하고 힘들 때도 어려움을 극복한 경험을 살려 나가기 바란다. 그리고, 네 인생 종착역에 다다를 때까지 리뉴 동아리에서 배운 것들을 잘 생각하면서 항상 건강하고 주어진 학업에도 열심히 하기를 교장 선생님은 바라면서 이만 줄인다.

세연아,
웃음이야 말로 최고의 화장품이다

세연아, 네가 좋아하는 것은 어떤 것인지. 네가 지금 관심을 쏟고 있는 것은 무엇인지 알고 싶구나. 옛날 핑크색을 광적으로 좋아하는 핑크대왕 퍼시는 자신의 옷뿐만 아니라 모든 소유물이 핑크색이었고 매일 먹는 음식까지도 핑크 일색이었다. 그러나 핑크대왕은 이것으로 만족할 수 없었다. 왜냐하면 성 밖에는 핑크가 아닌 다른 색들이 수없이 존재하고 있었기 때문이다. 고민 끝에 핑크대왕은 백성들의 모든 소유물을 핑크로 바꾸라는 법을 제정했다. 왕의 일방적인 지시에 반발하는 사람들이 많았지만 어쩔 수 없이 그날 이후 백성들도 옷과 그릇, 가구 등을 모두 핑크색으로 바꾸었다. 그러나 핑크대왕은 여전히 만족하지 않았다. 세상에는 아직도 핑크가 아닌 것들이 존재하고 있었기 때문이다.

그래서 이번에는 나라의 모든 나무와 꽃, 동물들까지도 핑크색으로 염색하도록 명령했다. 대규모의 군대가 동원되어 산과 들로 다니면서 모든 사물을 핑크색으로 염색하는 진풍경이 연출되었다. 드디어 세상의 모든 것이 핑크로 변한 듯 보였다. 그러나 단 한 곳, 핑크로 바꾸지 못한 곳이 있었으니 그건 바로 하늘이었다. 제아무리 무소불위의 권력을 가진 왕이라도 하늘을 핑크로 바꾸는 것은 불가능한 일이었다. 며칠을 전전긍긍했지만 뾰족한 수가 떠오르지 않자, 핑크대왕은 마지막 방법으로 자신의 스승에게 묘책을 찾아내도록 명령했다. 밤낮으로 고심하던 스승은 마침내 하늘을 핑크색으로 바꿀 묘책을 찾아내고는 무릎을 쳤다.

스승이 발견한 그 묘책은 과연 무엇이었을까? 핑크대왕 앞에 나아간 스승은 왕에게, 이미 하늘을 핑크색으로 바꿔 놓았으니 준비한 안경을 끼고 하늘을 보라고 했다. 대왕은 반신반의하면서도 스승의 말에 따라 안경을 끼고 하늘을 올려다봤다. 그런데 이게 어찌된 일인가? 구름과 하늘이 온통 핑크색으로 변해 있는 것이 아닌가. 스승의 마술이라도 부려 하늘을 핑크색으로 바꿔놓은 것일까?물론 아니다. 스승이 한 일이라곤 핑크빛 렌즈를 끼운 안경을 만든 것뿐이었다. 하늘을 핑크로 바꾸는 것은 불가능 한 일이었다. 하지만, 하늘을 핑크색으로 보이게 할 방법은 찾아냈던 것 이다. 핑크대왕은 크게 기뻐하며 그날 이후 매일 핑크 안경을 끼고 세상을 바라보면서 행복한 나날을 보냈다. 이제 백성들은 더 이상 핑크 색 옷을 입지 않아도 되었고, 동물들도 핑크색으로 털을 염색할 필요가 없었다. 핑크 안경을 낀 대왕의 눈에는 언제나 세상이 온통 핑크로 보였던 것이다. 우리 역시 핑크대왕과 마찬가지로 각자 색깔만 다를 뿐 '프레임'이라는 마음의 안경을 통해 세상을 바라보고 있다는 사실이다.지금까지 너의 프레임은 입술을 예쁘게 화장하면 예뻐질 것이라는 프레임이 너의 생각을 지배하였다고 생각한다.

그래서 넌 입술 화장에 관심이 많았던 것은 아니었는지? 이제 너의 프레임을 학습에 돌려보렴. 넌 이제 변화를 위한 출발을 시작하였다. 어떤 변화가 만들어질까 궁금하구나. 지금 네 점수는 향상시키기 딱 좋은 점수이다. 지금부터 너의 습관을 조금씩 바꿔 실천해 나간다면 너에게 놀라운 일이 일어날 것이라 믿는다. 그리고 화장품을 바른 것보다 훨씬 예쁜 것이 있다면 그러니 활짝 웃는 것이다.오늘도 친구들에게, 선생님에게, 그리고 부모님에게도 활짝 웃는 웃음으로 가까이 다가서 보기 바란다.

윤빈아,
아직도 의사의 꿈을 꾸고 있다면

윤빈아, 세월이 참 빠르구나. 이제 올해는 수능이라는 시험을 통과하여야 할 과정이 기다리고 있구나. 중학교 시절 네 꿈이 의사라고 하였는데. 아직도 가슴에 품고 있는지? 아니면 바뀠는지 궁금하기도 하다. 지금은 옛날과 달라 공부를 잘 하면 얼마든지 장학금을 통하여 하고 싶은 일을 할 수 있는 시대가 되었다. 의사가 되고 싶다면 최근 수도권에서 특성화 명문 종합대학으로 떠오르고 있는 가천의대를 소개한다. 의과대학 신입생은 6년간 전액 장학금 혜택을 받는다. 작년 3월 개관한 의대 전용 기숙사 의대와 병원에서 걸어서 3분 이내에 있어 학생들이 편리하게 등 · 하교할 수 있도록 배려했다니 아주 좋은 환경이구나. 학교생활, 졸업 후 진로가 고민인 의대 재학생을 위한 학생지원센터도 자체적으로 운영하기도 한다. 학업과 생활 전반에 어려움을 겪는 학생은 물론이고 자기 계발과 성장을 위해 필요한 부분을 지원한다. 이미 가천대 의대(옛 가천의과대)는 두 차례의 의과대 평가인증에서도 완전 인증을 획득했다. 산하 3대 연구소

(가천뇌과학연구원, 이길여 암 · 당뇨연구원, 가천바이오나노연구원)를 갖추고 있다. 지난 해 국가지정 연구중심병원으로 선정된 가천대 길병원은 임상과 연구 인프라를 완벽하게 갖추고 최적의 교육 여건을 제공한다. 가천대 의대는 의예과 2년, 의학과 4년, 인턴 · 전공의 수련 과정 5년 등 총 11년 과정을 연계한 '가천 G11 프로젝트'를 최초로 시작한다. 의학 교육을 단계적으로 심화시킴으로써 일관된 학습 과정과 성과를 유지할 수 있도록 한 것이다. 통합 임상실험 프로그램으로 학생들의 의학에 대한 이해와 학습 성과도 높일 계획이라니 이처럼 연계된 학습을 통하여 훌륭한 의사를 양성하는 곳은 많지 않을 것이다.가천대 의대는 기존 의학전문대학원의 국제교류 프로그램을 적극 활용할 예정이며, 토머스 제퍼슨 의대, 독일 아헨 의대, 일본 니혼 의대, 중국 베이징 의대 등에 학생을 파견했다. 재학생의 약 41%가 이 학생 교환 프로그램에 참여했다. 의술과 인문학적 소양을 겸비한 의학도 양성을 위해 '인문사회의학 교육 과정'도 운영한다. 무엇보다 네가 중학교에서 꾼 꿈을 이루기까지는 부단한 인내와 역경을 이겨내는 능력이 필요할 것이다. 그리고 그것을 뒷받침할 체력이 있어야 하니 평상시에 시간 관리를 잘 하여 건강을 위한 노력으로 스스로 계획을 세워 건강도 잘 챙기기 바란다.